未来理工学霸

INSTANT
ENGINEERING

工程学家养成计划

［英］乔尔·利维（Joel Levy） 著

谷小书 译

电子工业出版社
Publishing House of Electronics Industry
北京·BEIJING

Instant Engineering
978-1-78739-323-3
Joel Levy
Copyright © Welbeck Publishing Group, 2020

All rights reserved. No part of this publication may be reproduced, stored in a retrieval system, or transmitted in any form or by any means, electronic, mechanical, photocopying, recording or otherwise, without permission of the copyright holder.

本书中文简体版专有翻译出版权由Welbeck Publishing Group授予电子工业出版社。未经许可，不得以任何手段和形式复制或抄袭本书的任何部分。

版权贸易合同登记号　图字：01-2020-3757

图书在版编目（CIP）数据

工程学家养成计划/（英）乔尔·利维（Joel Levy）著；谷小书译. —北京：电子工业出版社，2021.3
（未来理工学霸）
书名原文：Instant Engineering
ISBN 978-7-121-40558-7

Ⅰ. ①工⋯　Ⅱ. ①乔⋯　②谷⋯　Ⅲ. ①工程师－生平事迹－世界　Ⅳ. ①K816.16

中国版本图书馆CIP数据核字（2021）第025209号

责任编辑：郑志宁
印　　刷：中国电影出版社印刷厂
装　　订：中国电影出版社印刷厂
出版发行：电子工业出版社
　　　　　北京市海淀区万寿路173信箱　　邮编：100036
开　　本：787×980　1/16　印张：11　字数：304千字
版　　次：2021年3月第1版
印　　次：2021年3月第1次印刷
定　　价：78.00元

凡所购买电子工业出版社图书有缺损问题，请向购买书店调换。若书店售缺，请与本社发行部联系，联系及邮购电话：(010) 88254888，88258888。
质量投诉请发邮件至zlts@phei.com.cn，盗版侵权举报请发邮件至dbqq@phei.com.cn。
本书咨询联系方式：(010) 88254210，influence@phei.com.cn，微信号：yingxianglibook。

目 录

9　　引言

一般原理

12	梁	24	杠杆
13	生物工程	25	力学
14	柱	26	纳米技术
15	控制论	27	可再生能源
16	弹性	28	风险
17	突现	29	土力学
18	能量	30	测量学
19	有限元分析	31	热力学
20	地球工程学	32	桁架结构
21	信息论	33	黏度
22	热学	34	易损性
23	列奥纳多·达·芬奇		

土木工程

35	坐便器	44	供水系统与下水道
36	水坝	45	中国长城
37	青铜时代	46	穹顶
38	桥梁	47	风车
39	隧道	48	铁
40	拱券	49	蒸汽机
41	灯塔	50	工厂
42	阿基米德	51	悬索桥
43	水车	52	水泥

53	盾构隧道掘进技术	57	摩天大楼
54	混凝土	58	埃菲尔铁塔
55	贝塞麦转炉	59	英吉利海峡隧道
56	约瑟夫·巴扎尔盖特爵士	60	拯救比萨斜塔

交通运输

61	轮子	70	伊桑巴德·金德姆·布鲁内尔
62	运河和水闸	71	自行车
63	道路	72	电梯
64	船舶	73	电气化铁路
65	潜水艇	74	内燃机
66	汽船	75	汽车
67	机车	76	福特和流水线
68	斯蒂芬森的"火箭号"	77	气垫船
69	公交车	78	自动驾驶汽车

生物工程

79	眼镜和镜片	87	仿生学
80	心电图	88	人工耳蜗和视网膜植入物
81	"铁肺"（人工呼吸机）	89	基因工程
82	人工心脏瓣膜	90	CRISPR-Cas9
83	人工心肺机	91	医学成像
84	心脏起搏器	92	组织工程
85	骨修复	93	人工生命
86	人工关节		

航空航天技术与军备

- 94 弓箭
- 95 弩弓
- 96 弩炮
- 97 攻城器械
- 98 投石机
- 99 火药
- 100 火箭
- 101 早期火炮
- 102 近代火炮
- 103 后装式火炮
- 104 枪械和现代大炮
- 105 飞艇
- 106 动力飞行
- 107 机关枪
- 108 莱特兄弟
- 109 坦克
- 110 无人机
- 111 喷气发动机
- 112 直升机
- 113 弹跳炸弹
- 114 原子弹
- 115 "伴侣号"人造卫星
- 116 阿波罗计划
- 117 全球定位系统
- 118 哈勃太空望远镜
- 119 国际空间站
- 120 未来武器
- 121 埃隆·马斯克
- 122 太空电梯
- 123 戴森球

电气工程与计算机

- 124 静电发生装置
- 125 莱顿瓶
- 126 伏打电堆
- 127 早期的电灯
- 128 电阻器
- 129 发电机
- 130 电报
- 131 西门子自励式发电机
- 132 直流电 vs 交流电
- 133 灯泡

134	电话		144	微波炉
135	留声机		145	晶体管
136	尼古拉·特斯拉		146	集成电路
137	多相感应电动机		147	激光
138	发电		148	人机交互
139	无线电		149	个人电脑
140	二极管		150	搜索引擎
141	三极管		151	人工智能
142	电视机		152	量子计算
143	雷达			

机　械

153	古代机械学		163	织布机
154	安提凯希拉装置		164	纺纱机
155	汽转球		165	埃文斯磨坊
156	张衡		166	轧棉机
157	泵		167	朴次茅斯滑轮厂
158	时钟		168	斯特林发动机
159	汽轮机		169	蒸汽锤
160	机械计算器		170	机器人
161	巴贝奇的差分机与分析机		171	詹姆斯·戴森
162	播种机			

172	时间线		175	延伸阅读
174	术语表		176	单位换算表

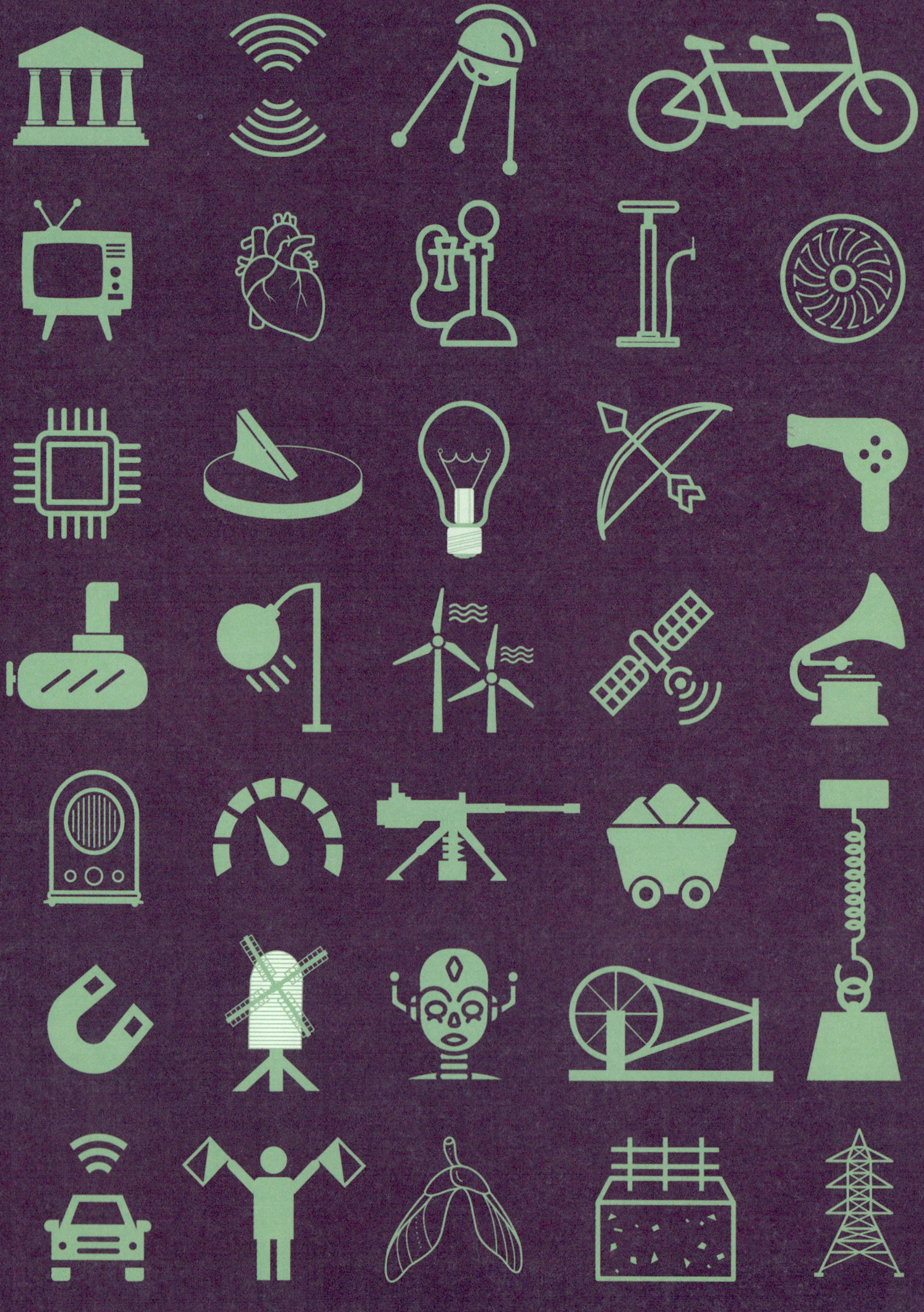

引 言

工程学的现代定义是，为满足人类需要，将科学原理应用于实际，利用自然资源进行的系统、流程、结构和机器的设计与开发。

工程学最初并非脱胎于科学，而是脱胎于擅长奇思妙想的人们在实践中积累的经验。这些经验是建立在人们能够生产、构建、学习有用事物，并形成一套实用知识体系的基础上的。

英文中的"engineer"（工程师）一词由拉丁语词根"ingenerate"（创造）衍生而来，后者与"ingenious"（心灵手巧）为同源词根。这说明，最初的工程师应该是心灵手巧、善于创造发明的人，而他们智慧的结晶就是器械，确切地说是战争器械。因为，无论作为一个行业还是一门专业，工程学自诞生伊始便同军事结下了不解之缘。军事工程师除了奉命设计、建造防御工事并寻找破坏这些工事的手段外，还需要打造战时武器，如像弩炮这样的大型复杂武器。此外，还要负责修造支撑陆军和海军作战的基础设施。例如，大军转移时所需的公路和桥梁，造船的船坞，以及摧毁城墙的炸药。这其中的很大一部分成果，显然都可转为民用。而且，文明的进步总是与土木工程的发展如影随形，譬如修建运河和桥梁、挖矿和采石、兴建宫殿和道路。

在古希腊、古罗马、古印度和中国，制作各种"奇技淫巧"的传统都十分久远。这一传统，即人们所知的力学，尽管与哲学或其他传统学术层面存在交集，但实用性才是其本质特征。正因如此，力学的定义无论是由其内部决定还是由外界赋予，都与哲学和科学这类追求理论的学科背道而驰。虽然当今数学和科学是工程学的关键与核心，但历史上的许多工程师并不相信这一理论。例如，在美国，那些以学徒身份接受训练，而没有在学校或大学接受过正规教育的人便抱有这样的看法，这种情况直到19世纪中叶才有所改观。

然而在其他地方，一种更注重概念性和专业性的严谨态度发展了起

来，而军事工程学又一次扮演了"引路者"的角色。热武器的出现，对军事工程师的能力提出了更高的要求：他们必须能将科学原理和数学的精确性与实际应用相结合。18世纪初，法国创办了一所军事工程学校，旨在培养建造火炮和防炮工事的人才，另外又创办了一所专攻道路、桥梁和运河修建的土木工程学校，以满足其军事需要。在英国和美国，工程学取得的进展更多体现在商业和私人领域，且基本集中于工业生产方式和机器设备。而随着这些方法和设备的愈发先进和专业，应用科学原理的重要性日益凸显。对军事和民用技术都同等重要的机械和农业工程，作为两个工程学分支应运而生。并且，科学技术的持续稳步发展，将为工程学演化树增添更多分支。电气工程学形成于19世纪，电报业是其诞生的主要"推手"。在20世纪电气工程又见证了核能、生物、空间和计算机工程的发展，而化学工程学同样诞生于这个世纪。新兴专业更是层出不穷，这其中包括基因工程学、地球工程学和纳米工程学。如今，无论从科学还是技术角度，工程学领域都称得上是被无数光环围绕。它对人类的影响可谓无出其右，从日常生活到全球经济，从再寻常不过的人类活动到地球的命运，都可以看到工程学的身影。

本书的编排方式大体上能够反映出工程学的整体组织方式。每一个章节都各有侧重地探讨了工程学最重要的某个分支，其中涵盖了土木工程学、生物工程学、交通运输学、军事与航空航天学、电气和机械工程学。此外，有些重要的基本概念并不适合归入上述领域，因此将其中的一部分放在第一章加以论述。史蒂芬·霍金曾被出版商提醒，他在书中每用到一个方程式，就会使读者数量减半。这一箴言言犹在耳，故本书多半会避开方程式的使用，也尽量不涉及数学。但读者应当知道，数学是工程的基础语言，倘若没有工程师完成的复杂计算，现代工程学所缔造的宏伟建筑和匠心巨制都将一无是处：桥梁会坍塌，手机不会响起铃声，便携式电脑会

变得过热，而飞机只能"望天兴叹"。同样，读者必须认识到，工程学的诸多成就都是建立在科学原理的基础之上的，本书并没有回避这些原理。读者在卷页之中会接触到热力学定律、运动定律、能量守恒定律、相对论等。本书将这些定律均用简单易懂的语言加以阐释，意在唤起读者兴趣，从而有助于他们更加深入地了解工程学的基本概念和原理。当用到专业术语时，本书通常会给出其释义和说明。此外，本书末尾处的术语对照表还提供了相关核心概念和工程术语的简要定义。

每章中的内容大致是按时间顺序编排的，书末的时间轴则相当于一个大事件纪年表，从中可大致梳理出本书内容的历史脉络。尽管如此，这样的编排方式仍会让人产生很多疑问。科学技术领域的发现和进步往往不能归结为特定时间的产物，也不能归功于某个人。相反，工程学与科学技术在时间上总是彼此重叠的，若认为这纯属一项个人事业，就十分牵强。明确指出公路和穹顶这样的"发明创造"的源头，显然是不可能的事。实际上，正如工程学的许多方面，这些概念揭示了工程学作为一门实践性专业的深厚渊源，它甚至可以回溯到人类起源的那个年代。使用和制作工具，是我们身上原始人类血统的关键特征；塑造和重塑我们的环境，改变自然界使之适应我们的偏好，这些都是形成工程学的关键要素。因此，在某种程度上，我们可以将工程学视为一项人类独有的技能，它是定义人类本质的重要一环。

梁

梁是一种长大于宽和厚的基本结构构件。作用为支撑、荷载，其本身的支撑部位在两端或两端附近。

上方作用力

由于**重力**作用，上方的荷载力通常为垂直力。荷载力会在梁的内部形成**压力**、**剪切力**或**张力**。

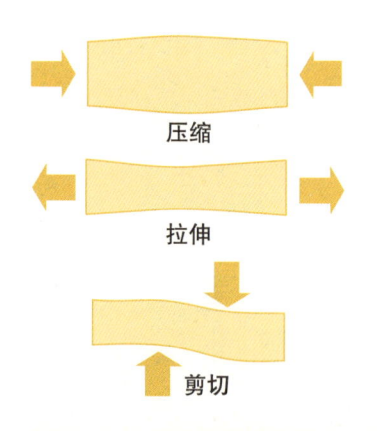

压缩

拉伸

剪切

材料构造

过去，梁通常**由橡木制成**。为此，要将**一整根树干砍断**，并将截面加工为方形。这种梁在当今建筑中仍有沿用。现代的梁多由**钢材或钢筋混凝土**制成。

内力

内力会导致梁发生**应变和挠曲**。

梁的类型

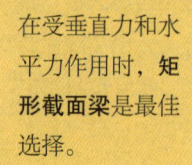

在受垂直力和水平力作用时，**矩形截面梁**是最佳选择。

在受各个方向的作用力时，**管梁**最为坚固。

在承受**垂直力**时，工字梁最为坚固。在承受**水平力**作用时，**H形梁**，即"侧躺"的工字梁，则更胜一筹。

用于称重的**梁式天平**已有上千年的历史。

摆梁式蒸汽机的桥式摆梁，中部由铰链固定，以便将活塞产生的作用力传递至另一端的抽油杆或其他负载。

生物工程

生物工程是生物学与工程学的交叉学科，也被称为"生物医学工程"，涉及运动科学、农学、制衣和药剂学等诸多领域。

时间线

- **公元前1100年** 史前人类开始设计并构建用于酿造啤酒的生物发酵系统。
- **公元前950年** 人造脚趾被用作古代埃及木乃伊的随葬品。
- **公元前700年** 伊特拉斯坎人利用人和动物的牙齿精心制作假牙。
- **公元1000年** 中世纪欧洲人从菘蓝中提取蓝染料，并实现了规模化生产。
- **1885年** 人工心肺原型机在德国被成功研发。
- **1941年** 在一次遛狗回来的路上，乔治·德·梅斯特拉注意到植物芒刺粘在狗毛上的样子，这让他有了发明维可牢尼龙搭扣的灵感。
- **1943年** 首台透析机问世。
- **1954年** 英国科学家和节目主持人海因茨·沃尔夫在英国国家医学研究所最早提出了"生物工程"一词。
- **1958年** 首个植入式心脏起搏器面世。
- **1959年** 神经病学家威廉·奥登多夫在观看一台水果分选机时萌生了发明X线计算机断层扫描仪的想法。
- **1963年** 伦敦帝国理工学院创建医学工程实验室。
- **1966年** 加州大学圣迭戈分校开设生物工程学课程。
- **1972年** 完成首例将DNA从一个生物体直接转移到另一个生物体的基因工程创举。
- **1985年** 利用微流体工程理论制造广受欢迎的"可丽蓝"验孕笔。
- **1997年** 利用生物支架周围的组织生长，培养出"瓦坎蒂鼠"，即"人耳鼠"。
- **2012年** XPRIZE 三录仪的推出促进了便携式诊断技术的发展。
- **2017年** 意识控制仿生手臂在约翰·霍普金斯大学被成功研制。
- **2019年** 伊利诺伊大学芝加哥分校的研究人员创造出人工树叶。

跨界融合

生物工程学是基础性**跨学科**领域之一。生物工程专业的学生除需要掌握生物学和工程学的基本知识外，可能还要学习**电气和机械工程学、计算机科学、材料科学、化学、核物理学、生物化学、遗传学、微生物学、农学、运动科学和医学**等。

仿生学

生物工程学的一个重要原理是，贯穿数十亿年的**进化**过程造就了数不清的"原型"，它们**为很多问题提供了绝妙的工程学解决方案**。我们所说的**仿生工程学**或**仿生学**，就是师法自然，从大自然的巧夺天工中汲取灵感。20世纪40年代时，**维可牢**尼龙搭的发明，便是一个典型的例子。

柱

柱子是一个垂直构件，可将上部结构的重量以压力的形式传递至地面。柱子在成千上万的工程结构中起到了主要垂直支撑的作用，是用以支撑大部分建筑的受压构件。

柱的类型

石柱

大型柱由多节构成，通常凿有中心孔，并由石头或金属销固定。伦敦的**纳尔逊纪念柱**采用**花岗岩**建造而成。

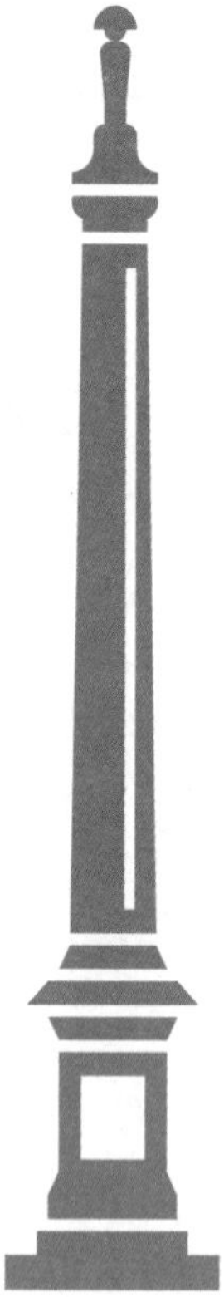

石柱可由单块石头构成。

石柱通常具有**圆形柱身**，其顶部带有**柱帽**，底部带有柱脚或**基座**。

建于**公元70—80年**的**罗马斗兽场**，主要由石柱修筑而成。

钢柱、混凝土柱和砖柱

现代柱多由**钢**、**混凝土**或**砖头**建造而成。

小型金属或木质支撑物被称为"**桩**"。横截面为矩形的桩被称为"**墩**"。

柱的受力

发生**地震**时，柱子常常会失效，这**是由弯曲或扭曲作用**导致的。一旦柱子失效，其支撑的整座建筑就可能会坍塌。

抗震柱通常具有**纵向钢筋**，而矩形混凝土结构内部则具有横向连接梁。

控 制 论

大多数动力工程系统都具备控制功能。例如，自行车须配备制动系统，以免骑行者在下坡时发生危险。

现代控制系统

开环

自动控制的最简形式是开环系统。无论建筑的**温度**高低，中央供暖系统都可以按照编好的程序在上午8点至10点内运行。

闭环

闭环系统能从流程中获得**反馈**。中央供暖系统可以借助**恒温器**来控制，若建筑温度**低于**预先设定的温度，如**70华氏度**，则**开启系统**，若温度达到70华氏度，则关闭系统。

水钟

漏壶或水钟是已知最早的控制系统之一，它是由**克特西比乌斯**在大约**公元前250年**设计发明的。水从一个容器**滴入**另一个容器，而后者带有**标尺或刻度盘**，人们可通过水位线得知时间。为确保水流稳定，克特西比乌斯使**上方容器**中的水始终保持**满溢**状态。作为当时**最精确**的计时器，水钟被人们使用了数百年之久。

离心式调速器

詹姆斯·瓦特在1775年前后对蒸汽机进行了大刀阔斧的改进，此后他又发明了可控制蒸汽机速度的离心式调速器。如果蒸汽机运转**过快**，调速器上的**金属小球就会飞离**，从而使蒸汽机的运转速度降低至一个**合理水平**。

1868年，数学家**詹姆斯·克拉克·麦克斯韦**用数学方法解释了**离心式调速器**运转状态不稳定以至于机器对突发事件响应过慢的原因。从那时起，控制理论便在很大程度上建立于数学的基础之上。

飞行器控制

1903年，莱特兄弟（参阅第105页）只能勉强地控制他们发明的飞行器的**升力和稳定性**，而此后出现的所有飞机都配备了**综合**控制系统。

弹　性

弹性是固体材料在受力变形后回弹并恢复其原始形状的能力。工程师必须对所用材料的弹性了然于胸，这样才能算出材料的受力特性。

胡克定律

"有多大变形，就有多大受力"，这是1675年胡克对他所做观察的描述，也就是后人所说的胡克定律。**一根弹簧伸长的长度与其所受拉伸力成正比。**

胡克定律适用于大多数形变量较小的弹性材料。**应变或相对形变**与应力或载荷成正比。**重量加倍，弹簧伸长的长度也会加倍。**

不同材料的弹性

应力可以使**金属**中**原子晶格**的形状发生轻微变化。

应力解除后，**原子便回弹到其原来所在位置。**

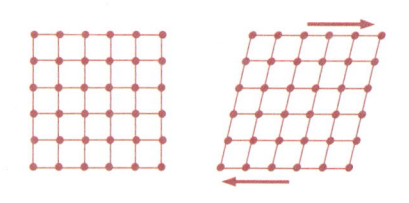

应力可导致**橡胶**中**长链聚合物分子**的伸缩。橡胶和类似**弹性体**的伸缩与弯曲能力强于金属。

形变

在达到**屈服点**前，大多数**固体材料**的形变状态都较为稳定。

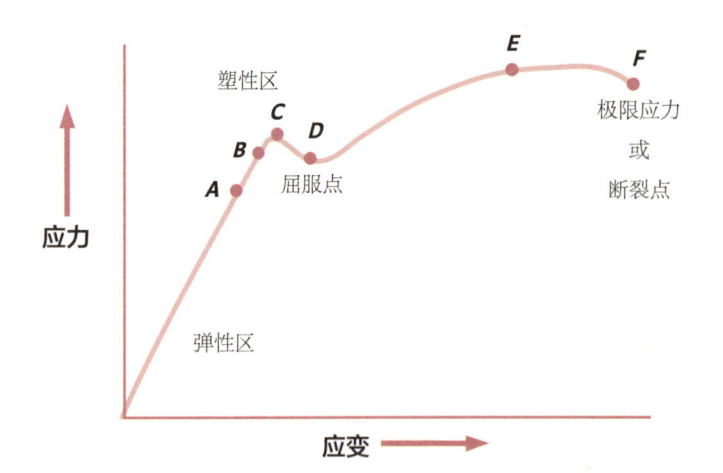

如果施加更大作用力，形变将变为塑性形变，且**不可逆转**，材料将无法恢复原状。

加工硬化

很多金属和塑料都可以通过加工硬化"强筋壮骨"。某些塑性形变会**改变材料的原子结构并扩大其弹性极限。**

突 现

突现原理是指，系统元素的交互作用可以让某些系统特性显现，但这些特性无法孤立地存在于系统元素中，也无法通过后者加以预测。换言之，整体的行为方式并不能简单等同于部分之和。

系统工程

作为工程学领域的一个重要原理，突现就是人们通常所说的**系统工程**，其研究与实践的内容为，通过要素的整合，形成一个各部分相互作用的**系统**。

发动机便是一种系统。同理，一个研究部门、一条工厂生产线、一套电网和一座伸向海中的码头，都属于系统。

系统要素

系统

突现的类型

突现可被分为三类：**简单突现**、**弱突现**和**强突现**：

简单突现也被称为"**协同增效作用**"，是指只有当系统的**要素**相互**配合**时，它们的**合并**才能产生效果，并且这种效果是**可以预期**的。

A + B = C ✓

弱突现是由系统产生的一种可预期属性，但仅通过系统部分求和无法预测其程度。

A + B = C × ?

在**强突现**中，特性产生的时间**无法被预料**，而只有当系统开始运作时才能被观察到。

A + B = ?

突现的例子

飞机能够在空中飞行，就是一个**简单突现**的例子。机翼和其他飞机构件本身不具备飞行能力，而整个系统却有一飞冲天的本领。伦敦**千禧桥**事件体现了**强突现**的发生，这座为行人而设的大桥于2000年6月开放，当时大桥发生了**轻微振荡**，虽在设计承受范围内，但振荡却形成一个**反馈回路**，进而引发了大桥的**严重摇摆**。智能被证明是**复杂程度足够高的神经网络**的突现特性，它也是被很多从事**人工智能**研究的工程师寄予厚望的领域。

一般原理

能　量

能量就是做功的能力。在很多伟大的工程项目中，无论是汽车动力总成还是桥梁的热膨胀，熟练自如地掌控能量转换技术都是必要条件。

能量的作用方式

水车顶端的水具有势能。水在重力作用下下落并**推动水车转动**，从而做功。

风具有**动能**，因为空气在不断地运动。风可以使**风车的叶片**或风力涡轮机转动，从而将能量转化为功。

在能量从一种形式转化成另一种形式的过程中，**往往会生热**。1789年，**本杰明·汤普森**注意到，在**给大炮的炮筒钻孔**时，产生的热量足以**让水沸腾**。

鲁道夫·克劳修斯

1850年，**鲁道夫·克劳修斯**认识到，在任何能量转化过程中，能量既不会增加也不会损失。即使一部分能量转化为热能，总能量也**保持不变**。这就是**热力学**第一定律。

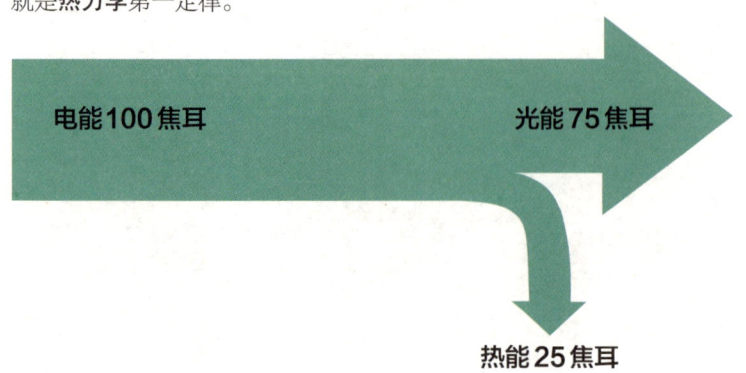

电能100焦耳　　光能75焦耳

热能25焦耳

詹姆斯·普雷斯科特·焦耳

1843年，英国科学家**詹姆斯·普雷斯科特·焦耳**进行了一系列试验，以证明一定量的**机械能**可以转化为**精确当量的热能**。

在他设计的试验中，一个带叶片的转轴被置于一只盛满水的烧杯中，**重物下降带动叶片**旋转。结果**摩擦力的作用**使叶片的转速下降，而**水则变热**。由此，热量单位便以"**焦耳**"命名。

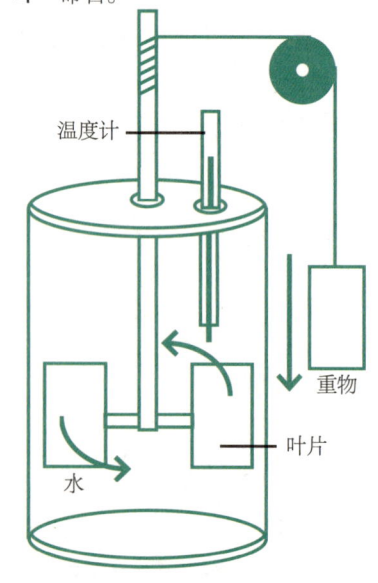

温度计　重物　叶片　水

1焦耳就是将所受重力为1牛顿的重物（如一个小苹果的重量）抬高1米时，所耗费的能量或所做的功。

有限元分析

有限元分析，就是将某个复杂形状或结构分解为很多小的单元，即有限元，以便更容易地对其进行数学描述的技术。在进行单元计算之后，再将计算结果联系起来，从而得出整体的数学描述或数学分析。

为什么要使用有限元分析

数学是工程师必须掌握的一个**重要工具**，因为他们需要计算出结构或物体的物理特性，并研究这些特性在受力（如**载荷或应力**）情况下会发生怎样的变化。但是，**复杂形状和结构**以及**复杂过程**（如**流体动力学**）构成了数学上的极限挑战，如不走**捷径**或**化复杂为简单**，就不可能解决工作中涉及的数学问题。**有限元分析法**便是这样一个"捷径"，它使人们能够利用**计算机**对不同形状和结构的物体的物理性质和响应进行**分析**，所以这种分析方法尤其适用于**仿真软件**。

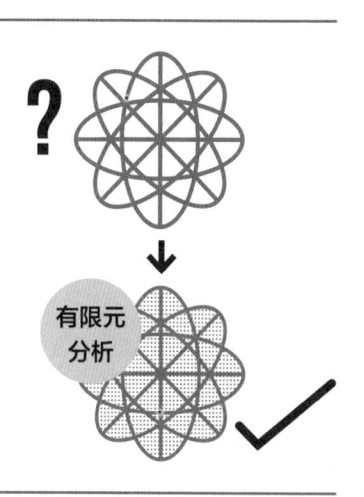

有限元分析法的基本步骤

第一步为**离散化**，即把形状或结构**分成**若干元素或**离散单元**。各单元彼此相连接的点，叫作**"节点"**。元素或节点的完整组合称为**"网格"**。针对每个元素建立描述其性质的**方程式**，然后在节点上把这些方程式联立，于是就有了一个**联立代数方程组**。方程的解便是对整个网格的刻画（至少为近似刻画）。**计算机程序**可以利用网格来模拟**特定结构的属性和响应**。例如，给出作用于承重柱任意点上的压缩力的数值。

有限元分析的类型

有限元建模可被用于三种不同类型的分析：

静态分析：适用于**变量保持不变**时的**建模**，如为一座桥梁的支座建模。

动态分析：适用于**分析**承受**动态载荷**的结构的**动力响应**，如建模模拟人类头骨对某一物体表面的冲击。

模态分析：适用于**振动响应模拟**，如发动机启动模拟。

地球工程学

为了减少温室气体、抑制并逆转全球变暖,进行的规模大至行星尺度的干预措施,被称为"地球工程学",其中主要有两个范畴:太阳能和碳。

太阳能地球工程学

太阳能地球工程学也被称为**"太阳辐射管理"**,该范畴主要研究**减少**进入大气、陆地和海洋的**太阳辐射能量**的策略,其目的在于**抵抗温室气体**所导致的**升温效应**和相关现象(如冰盖减少)。潜在的技术包括:

平流层气溶胶:将微小的**反射粒子**引入高层大气中,从而**将太阳光反射**回太空,即模拟"火山冬天"效应。

太空遮阳伞:将"遮阳伞"或"反射镜"送入轨道,以便在**太阳光**到达大气层之前将其**拦截**。

反照率增强:提高**地表**或**云层**的**反射率**,从而增加**反射回太空**的**太阳辐射**的比例。

全球科学怪物

地球工程学饱受**非议**,其最大的问题在于,它会造成**意想不到的后果**。批评者们认为,消除对生物圈已有人为干扰的最糟糕的方式,莫过于施加**更多的干扰**。

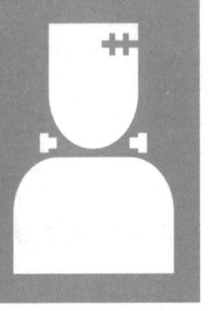

碳移除地球工程

碳移除地球工程也被称为**"温室气体移除"**,该范畴包含将**二氧化碳**等温室气体排出大气层的技术,以及阻止它们进入大气层的技术。这些技术具体又包括:

- **环境空气捕集**:利用大型的**"洗刷"**机直接移除大气层中的温室气体,然后将气体以某种形式贮存。

- **海洋肥沃化**:向海洋添加**营养素**以促进**浮游生物**和其他**水生微生物**的**大量繁殖**,这些生物可**将二氧化碳吸收到其细胞中**。

- **植树造林**:在全球范围内开展**植树造林工程**,以创造植物形式的**碳汇**。

- **增强风化**:让大量**矿物质**暴露,使其与二氧化碳**反应生成碳酸盐岩石**,以达到吸收二氧化碳的目的。

- **向海洋中添加碱**:将大量**碱性矿物**,如**石灰石**,投入海洋,使其**与二氧化碳反应生成碳酸盐**,从而**抵抗海水酸化**。

- **碳捕获和封存**:捕获从**能源生产和工业过程**中排放的**温室气体**,并在它们进入大气层之前将其封藏。但只有通过燃烧专门种植的**生物质**来生产能量,才可实现全球碳减排。

- **生物炭**:将**生物质炭化**生成的**木炭**掩埋,生物质便不会腐烂并形成碳排放。

信 息 论

信息论是数学的一门分支，其研究目的是寻找对信息进行编码和传输的最有效方式。

香农的"比特位"

1948年，**克劳德·香农**在其名为《**通信的数学理论**》的论文中首次提出了这一概念。

香农的构想使所有类型的通信方式得以统一。无论是**电话**、**信号**、**文本**、**无线电波**，还是**图像**，都可以用**二进制数或比特**进行编码。

```
00010010 00010010 00010010
10100110 1 10100110 1 10100110 1
00010010 00010010 00010010
11100100 1 11100100 1 11100100 1
00010010 00010010 00010010
```

他展示了如何能够在确保**绝对精度**的前提下对信息加以**量化**，也证明了**所有信息媒介内在本质的统一性**。

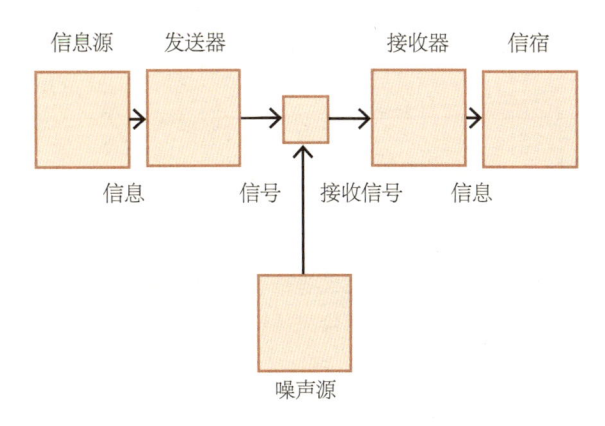

（信息源 → 发送器 → 信号 → 接收信号 → 接收器 → 信宿；信息；噪声源）

香农认为，所有**通信**系统都有一个**共同形式**。信息**传输**过程中有可能会产生**额外噪声**。

信息熵

信息熵是一个测度，用以衡量**信息的不确定性**。

通过一个有噪声干扰的信道发送某一条信息，该信息也许会变成一组模糊的信息。而接收器的目的在于，不管有没有信道噪声，都要毫无差错地**重建正确信息**。

信息论催生出**精确的无误差数据**压缩技术（如ZIP格式文件）和相对不那么精确的数据压缩技术（如MP3和JPEG格式文件）。

开创性发明

信息论对**"旅行者号"**深空探索任务的**成功**、**光盘**的发明、**移动电话**的问世以及**互联网的发展**都起到了**至关重要**的作用。

传输速率上限

每个通信信道都具有传输速率的上限，即**香农极限**，其衡量单位是**比特每秒**。如要试图超过这一上限，**差错就会悄然出现**。只有低于此上限，才可保证信息的无差错传输。

热 学

热是一种能量形式（见第15页），却是其最无用的形式，因为将热转化为有用的能量或功既困难又低效。

定义 热的本质就是原子或分子的快速运动。

早期理论

18世纪，人们认为热是一种**被称作"热质"的流体**，它会从**较热物体流向较冷物体**。如果将一块**滚烫的岩石**放到**一桶水**中，"热质"便会从岩石流到水中。

1798年，美国—英国—德国三料间谍、科学家、外交官**本杰明·汤普森**注意到，**给铁炮的炮管钻孔会产生热，而钝的镗刀会比锋利的镗刀产生更多的热**。他想到，钻孔开始前，**镗刀或铁炮中是不存在热质的**，那么这些热究竟从何而来？

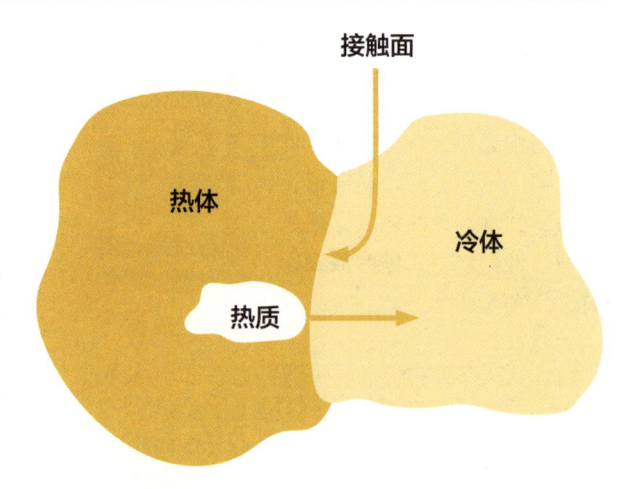

接触面

热体 冷体

热质

摩擦

詹姆斯·普雷斯科特·焦耳猜想，热可能来源于**摩擦**，并注意到了很多似乎是摩擦生热的情况。在遭受无数奚落和拒绝之后，他终于得到了**伟大的物理学家开尔文勋爵**的认可。

F 摩擦　F 身体
摩擦生热

浪费的能源？

热能一般都会被白白浪费。但是，它其实可以被**转化成更有用的形式**。**斯特林发动机**或**电站**就是有效利用热能的例子。

潜热和显热

1847年，焦耳在其题为"论物质、生命力和热"的**演讲**中，使用了**"潜热"**和**"显热"**这两个术语来定义热量的**构成要素**。在它们各自的作用下，会产生截然不同的**物理现象**。

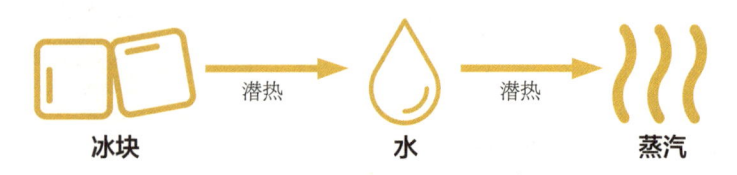

冰块 →潜热→ 水 →潜热→ 蒸汽

列奥纳多·达·芬奇

列奥纳多·达·芬奇是意大利画家、科学家和工程师,他出生于意大利佛罗伦萨附近的芬奇镇,其父母未婚。

生卒日期 1452年4月15日—1519年5月2日。

艺术

创作《乔贡达夫人》(又名**《蒙娜丽莎》**)等诸多著名画作。

绘制了精美的**人体和动物解剖图**,并利用镜像书写法进行了**详尽的注释**。

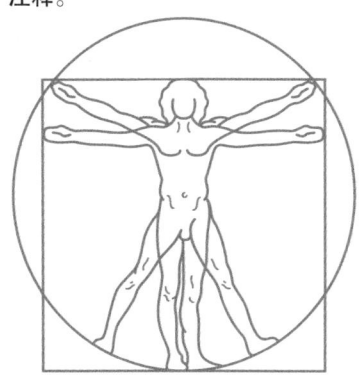

他绘制了大量**鸟类**、**鸟翼**及其飞行原理的**草图**。

发明

达·芬奇在技术制图方面天赋异禀。他绘制的内容既有**现实存在的机械**也有**想象**的产物。但在他去世250年后,那些草图上的飞行器才得以飞向蓝天。

工程师往往是建筑者。列奥纳多曾经为威尼斯修建了**一系列防御工事**以阻挡敌人的进攻。1502年,他绘制了一幅**跨度达720英尺的君士坦丁堡大桥**的设计图。但其大多数草图和绘画都**只停留在了构想**阶段。他对工程学、事物运作机制以及**未来可能的运作方式**,都有着非凡的远见。

在**自行车**和**降落伞**出现的几百年前,达·芬奇便设计出了它们的原型。此外,他还设计了**乐器**、**机械骑士**、**液压泵**、**可逆式曲柄机构**、**带尾翼的迫击炮弹**、**蒸汽大炮和巨型弩弓**等各种机构。

一般原理

杠　杆

杠杆是一种简单机械，即通过放大力的作用来实现做功的装置，使施加在较远距离处的作用力在较近距离处形成集中力。古希腊数学家和工程师阿基米德对杠杆原理进行了阐述。

杠杆原理

杠杆原理用**代数式**来表示，即杠杆一侧的力乘以**着力点到支点的距离**等于另一侧的力乘以着力点到支点的距离。

$$d_1 f_1 = d_2 f_2$$

- **两千万年前的史前时代** 灵长类动物最先开始使用棍子作为增力工具。
- **公元前5000年左右** 古埃及人使用平衡杆称重。
- **公元前200年左右** 阿基米德证明了杠杆原理。
- **公元1400年左右** 文艺复兴时期的科学家确定了六种基本的简单机械：杠杆、轮子、斜板、螺丝、楔子和滑轮。

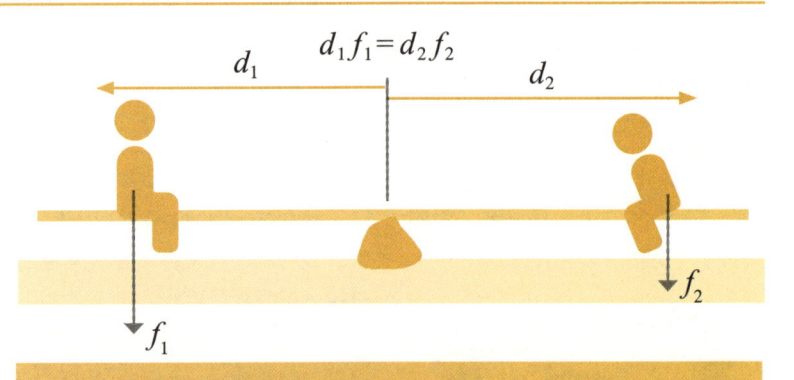

令人意想不到的用途

在世界各个角落，杠杆随处可见，但其呈现形式千变万化、大相径庭。但凡读者用到下述任何工具，都会受益于**杠杆原理**：剪刀、开瓶器、坚果钳、钳子、篱笆剪、剪线钳、撬棍、扳手、羊角榔头、跷跷板、天平、球拍、球棒和独轮车。

杠杆的组成部分

杠杆有四个基本要素：
- **力臂**：以**支点**为**轴旋转**或在支点上移动的结构构件
- **动力**：由人或机器施加在杠杆上的**作用力**
- **支点**：杠杆的旋转**轴心点**或**铰接点**
- **负载**：受到杠杆**作用**的**物体**

杠杆类别

杠杆有三种类别，其分类的依据是**施力**、**支点**和**负载**的相对位置：

类型1：施力和负载分别在**支点**的**两侧**，如**剪刀**和**钳子**。

类型2：施力和负载在支点的同一侧，且施力离支点更远，如**独轮车**和**坚果钳**。

类型3：施力和负载在支点的同一侧，但施力在负载和支点之间，如**镊子**和**棒球棒**。

力　学

在物理学领域中，工程力学（亦称"应用力学"）是力学的一个特定分支。它是力学在实践中的应用，比如研究各种材料、部件和结构对作用力的响应。

工程学 vs 经典力学

力学是物理学最早的基础分支学科。在**经典物理学**中（不属于相对论或量子力学范畴的物理学），它是研究**运动**或**平衡状态下的物体**的科学。经典力学以**牛顿运动定律**为基础。**应用力学**是经典力学与现实世界交汇的地方。应用力学又被**进一步分为两类**：**静力学**和**动力学**。

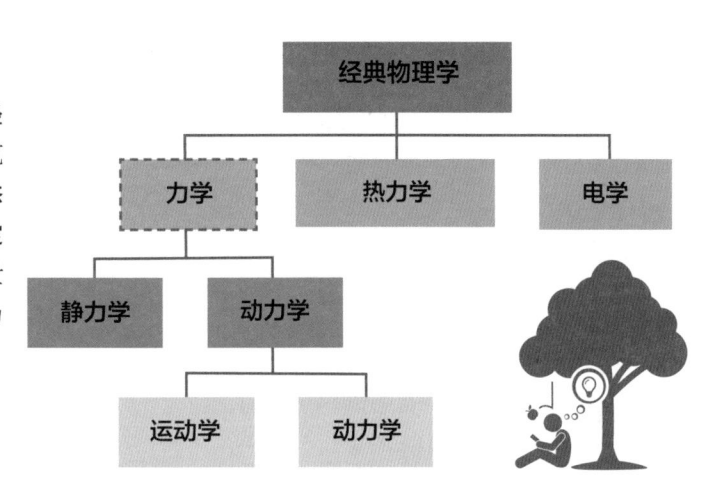

静力学

作为力学的一个分支，静力学专注于**分析静态平衡**（所有作用力彼此抵消的状态）**中的物体**。根据**牛顿第二运动定律**，作用力等于质量乘以加速度。静态力学研究的是**加速度**为**零**时的情形，换言之，在此情形下施加于物体上的合力必须是零。

动力学

作为力学的一个分支，动力学专注于**非静态**（合力不为零）**物体的分析**。它又被进一步细分为**运动学**（在不考虑运动所需作用力的情况下对动态物体的分析）和**动力学**（在考虑动力的情况下对动态物体的分析）。

自由体图

自由体图是工程师研究静力学的重要工具，它可以显示**施加于静止物体**（无加速状态）**上的所有作用力**，而这些作用力必须是**相互抵消的**。

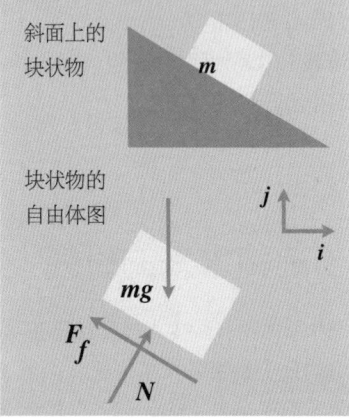

斜面上的块状物

块状物的自由体图

流体力学

力学还有其他的分支。**量子力学**当前不属于工程学范畴，而研究流体和处于**相对运动**中的物体的流体力学领域却是工程学范畴的重要内容。

纳米技术

纳米是"小巧"的意思，1纳米等于十亿分之一米（1nm=10^{-9}m）。纳米技术就是原子或分子级别的工程学。

20世纪80年代的研究

1981年，**格尔德·宾宁和海因里希·罗雷尔**发明了**扫描隧道显微镜**，从而使科学家得以观察到**真实的原子和化学键**，并在日后实现了单个原子的操控。

1985年，**哈里·克罗托、理查德·斯莫利和罗伯特·柯尔**发现了一种非常特别的分子，它由60个碳原子排列而成，其形状类似于一个**"足球"**。这个球状分子结构被称为**"巴克敏斯特富勒烯"**（此名称取自建筑师巴克敏斯特·富勒设计的球形建筑），后来则被简称为**"巴克球"**或**"富勒烯"**。

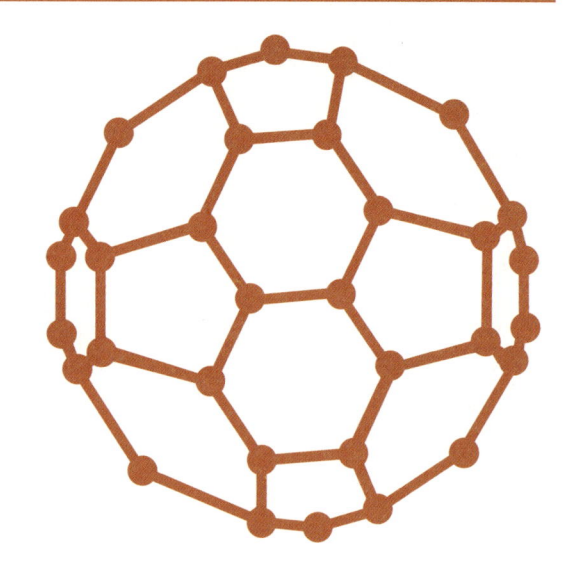

普通产品中的纳米颗粒

银金属纳米颗粒具有**杀菌作用**，因此它们已经被添加至**砧板**的表面材料。英特尔公司则借助纳米光刻技术制造了**微处理器**。

二氧化钛纳米颗粒不仅被添加到各种**防晒霜**中，也被添加到**玻璃**中以起到**除尘**作用，并能赋予玻璃**自洁净**功能。

当前和未来的研究

纳米技术是一个令人兴奋且正在飞速发展的研究领域。科学家在实验中采用**分子自组装技术**将使人们能够合成更为复杂的化学结构。另外，马丁·伯克成功开发出了分子3D打印机。

富勒烯

富勒烯是**一种大分子物质**，实际上一分子富勒烯的大小已经超过了纳米尺度，但其后来出现的衍生物**碳纳米管**的直径在**1纳米**左右，长度在100纳米到0.5米。它们异常坚固，且被广泛用于**船壳**、**轿车配件**、**体育用品**、抗沾污纺织品的生产以及其他诸多领域。

石墨烯

石墨烯（**碳原子构成的单层材料**）可以让塑料变得更加坚固、传导性更强，并且还可被用于**电子及光子电路**、**晶体管和太阳能电池**的制造。

工程学家养成计划

可再生能源

可再生能源不会从有限的资源中产生，而会从那些可以不断再生的资源中产生。通过技术的开发与规模化，获得足够的可再生能源供应，同时还要确保可再生能源的成本效益、可靠性和可用性，这是当今时代人们面临的重大工程挑战之一。

- **大约公元前3500年** 出现了借助风力行船的帆船。
- **公元前400年** 出现了关于水车的最早文字记录。
- **公元前3世纪** 希腊人和罗马人通过聚光镜利用太阳能反射点燃火炬。
- **公元1世纪** 亚历山大城的海伦设计了一个风力驱动装置。
- **644年** 已知最早的关于风车的文献记载出现在波斯。
- **1839年** 爱德蒙·贝克勒尔发现了光伏效应。
- **1879年** 在尼亚加拉瀑布建成了第一座水力发电站。
- **1888年** 第一台风力涡轮机问世。
- **1904年** 第一座地热发电厂在意大利拉德瑞罗建成。
- **1954年** 第一个硅光电池诞生。
- **1966年** 第一座潮汐发电站在法国布列塔尼的兰斯河河口建成。
- **2000年** 第一个波浪能发电系统在苏格兰艾雷岛建成。

可再生能源的类型

若要追根求源，其实大多数可再生能源最初都来源于太阳，其主要类别为：

- **太阳能**：利用**太阳辐射**直接**发电**（如太阳能电池板），或者将热能直接加以利用或用于发电。

- **风能**：海上或陆地上的风力涡轮机通过叶片**将风能转化为动能**，从而驱动发电机发电。

- **水能**：**太阳辐射**可促进**水循环**，而**水力发电**就是利用了水循环中的能量流动，例如利用高处落下的水**使涡轮机转动**。

- **海洋能**：**波浪能**源于**风**；**潮汐能**源于**太阳和月亮**之间的**引力作用**；海洋的**温度梯度**源于**太阳能加温和洋流能**；而**洋流能**是其他能量来源结合的产物。

- **地热能**：地热能的终极源头是**放射性元素的衰变**，它既可以**热能**形式被直接利用，也可以产生**蒸汽**，从而驱动涡轮发电。

- **生物质能**：生物质能是一种以生物质形式存在，利用**自然过程**将太阳辐射能转化为化学能的可再生资源，它可以被制作成**生物燃料进行燃烧**。

储能问题

可再生能源面临的最大工程挑战之一，就是贮存问题。如果能够解决这一问题，那么无论何时何地，人们一旦需要就能用得上可再生能源，而不仅仅是在刮风、有光照或具备类似条件的时间和地点才能应用这类能源。

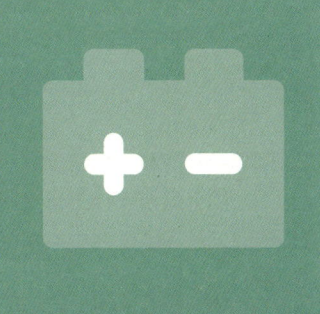

风　险

所有工程项目均包含着风险因素。因此，在任何项目中，工程师都要把评估所有可能涉及的风险作为己任，并在设计中尽量把这些风险纳入考虑范围。

风险实例

简单风险：当你挥起**锤子**时，有可能敲到你的**拇指**而不是**钉子**。

重大风险：在建筑设计中，工程师在**计算**建筑结构**对强震的耐受能力**时，可能没有预留出足够余地。

福岛事件

2011年3月11日，一场史无前例的**海啸**淹没了日本福岛市高达30英尺的**海堤**及其背后的**核反应堆**，造成了**放射性物质**的大量泄漏。

尽管没有人即刻死于辐射，但约有**两万人**因**溺水**或海啸造成的其他事件而丧生。海堤并非不高，但**工程师是否应当把它建得更高些？**事实证明，巨浪形成的**水墙**要比**辐射**危险得多。

桥梁

1879年12月28日，当一列火车在飓风中穿过泰河大桥时，这座桥坍塌了，这一事故造成**75人死亡**。此次事故的原因在于，工程师**托马斯·鲍彻爵士**对于**风压**有欠考虑，另外桥梁使用的铸铁被查出是**不合格**的。

在桥梁和类似的建筑结构设计中，设计师往往有意在**设计上留出富余量**，使建筑能够承受住比预期**更大的荷载**。

汽车旅行

大多数人的风险判断能力都很差，他们不知道**驾乘汽车**其实**比乘坐飞机要危险得多**。他们认为，汽车"处在其掌控之中"，而在飞机上他们却对一切无能为力。然而，仅

在美国，每年就约有**三万五千人死于车祸**，而在全世界范围内，**飞机失事事件中的遇难人数平均每年不到一千人。**

工程学家养成计划

28

土 力 学

　　建筑物和土木工程结构都必须依托某个基础，而通常情况下，这个基础就是土壤。土壤是路堤和水坝这类建筑结构的一个重要组成部分。因此，人们必须了解土壤在受力时会发生怎样的变化。

六大属性

土力学的本质体现于**土壤的六种属性**：

- **摩擦力**：一块土壤的滑动阻力有多大？土壤水分越多，摩擦力就越小，因此黏土的摩擦力要低于沙子和砾石。
- **黏聚力**：形成土壤黏性时，颗粒之间的**引力**。黏土的**黏聚力**要高于**普通土壤**或**砾石**。
- **可压缩性**：土壤在**负载**下体积压缩的程度。
- **弹性**：相较于初始**密度**，土壤在压缩后重新**膨胀**时可恢复的程度。
- **渗透性**：水在土壤中**流动**的顺畅程度。
- **毛细管作用**：水通过土壤从**地下水位抽吸上来的**高度。

地基

地基的作用在于，在以某种方式确保结构稳固的前提下，**将建筑物的重量传递至地面**。地基的类型必须要与土壤的力学特性相匹配，否则土壤在受压时就会发生剪切运动（沿运动平面滑动）或**不均匀沉降**。地基包括以下类型：

- **扩展式基脚或垫层**：垫层直接安放在**承重构件**（如**柱子**和**墙体**）的下方。
- **筏式基础**：其底板通常采用**钢筋混凝土材料**，构成整个建筑地坪的基础部分。
- **浮式地基**：将**刚性箱式基础**置于一定深度，令挖出的土方总重等于上方结构的重量，使下方的土壤最终承受的重量仍与之前一样。
- **端承桩**：柱桩一直向下延伸到基岩，从而**直接传递荷载**。
- **摩擦桩**：摩擦桩**可将荷载通过整个桩身传递至土壤**。

一般原理

边坡稳定性

施加于**斜坡土壤上**的**重力**会被土壤颗粒间的**摩擦力和黏聚力抵消**。土壤工程师可根据作用力的比率对斜坡的**稳定性**进行分级。比率为1时，作用力**完全平衡**；比率为2时，**稳定力是动力的两倍**；比率小于1时，斜坡有**可能会发生滑坡或坍塌**。土壤中的水位和水的运动会影响这一比率的数值。

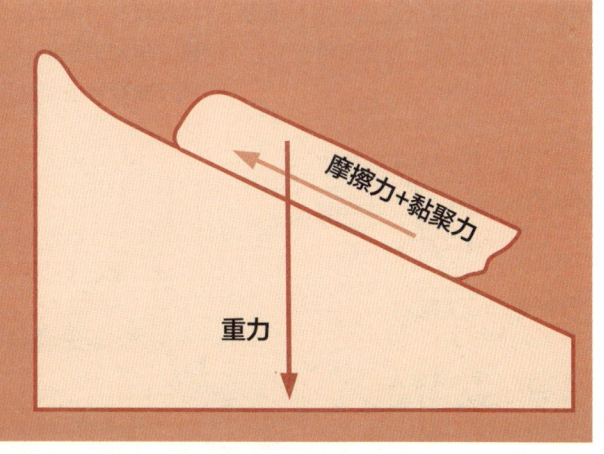

摩擦力+黏聚力

重力

测量学

测量学就是调查和测量土地或建筑物的面积,特别是指确定一块土地的区域范围或制定建筑方案。

古埃及

埃及的**吉萨大金字塔**的四面布局呈正向方位,即分别朝向**正北、正南、正东、正西**。测量员也许是在某一天先记录下了**日出和日落的位置**,再对它们之间的**夹角**进行了二等分。

古希腊

古代希腊人十分擅长测量,"**几何学**"(geometry)一词就是"**土地丈量**"的意思。

大约公元前550年,欧帕里诺斯(见第39页)在**萨摩斯岛**借助简单的测量技术确定了他的**第二条引水隧道的开挖点**。

古罗马时期

古罗马人利用简单技术进行了**直道**的规划,这让他们总能以**最短的路程从甲地走到乙地**。

古罗马**土地测量员**使用的主要工具是一种源自古代**美索不达米亚地区**的发明——**格罗马**。这是一种便携式简易测量工具,形状呈直角形并带有几个铅锤。

测量工具

1571年,英国科学家**伦纳德·迪格斯**发明了可被用于测量水平角的**经纬仪**,这种仪器一直被沿用至今。

如今,除**经纬仪**外,**测量员**还要用到**卷尺**、可测量角度和距离的**全站仪**、**3D扫描仪**、**水平仪**以及与**水准尺或标杆**搭配使用的**光学仪器**。

地图测绘

航空器和卫星已经被用于地图测绘,而英国国家测绘局则希望能够在不久的将来利用**高空太阳能无人机**开展测绘工作。这种无人机可以在**同温层**巡航数月而无须**更换电池**。

热力学

热力学是一门研究热、温度、能量、功以及它们之间的关系的学科。

潜热

约瑟夫·布莱克在1761年发现了潜热，即让**冰融化**所需的热量，或者使**蒸汽凝结**成水释放的热量。

瓦特对提升热效率的贡献

1769年，**詹姆斯·瓦特**产生了一个绝妙的想法：采用**分离式冷凝器**提升**纽科门蒸汽机**的效率（见**第46页**）。

卡诺循环

1824年，法国工程师尼古拉·伦纳德·萨迪·卡诺一心想让蒸汽机效率得到进一步提升。

他提出了一种假想的、**没有任何泄漏**的完美蒸汽机的工作状态，即一台在**两个蓄热器**之间运转的热机产生蒸汽，将热能转化为**机械能**，这就是"卡诺循环"。他凭此发现获得了**"热力学之父"**的头衔。

热力学第一定律

1850年，**鲁道夫·克劳修斯**证明，热量不会从**较冷的物体流向较热的物体**。他还认识到，在**封闭系统**的任何运作状态下，能量都是守恒的。能量既不能**凭空产生**，也不能**凭空消失**。这就是热力学**第一定律**。

热力学第二定律

在任何真实系统中，总有一部分能量会以热的形式**消散**。这种损失被称为**"熵"**。这就是热力学第二定律。事实上，熵总在**不断增加**，而这是**时间向前流动**的原因之一。

开尔文勋爵

1854年，**威廉·汤姆森**（后来的开尔文勋爵）和**威廉·兰金**提出了热力学第一定律和第二定律的精细化版本。

汤姆森提出了**绝对温标**的概念，其量度单位为**开尔文**，并以绝对零度表示最低温度。

㶲

1873年，**约西亚·威拉德·吉布斯**提出了有效能量的概念，即"㶲"（exergy 一词来源于**希腊文 ex 和 ergon** 的组合，意为"来自功"，由**左兰·兰特**于1956年**命名**）。某个系统的㶲是使该系统与**蓄热器**达到**热平衡**的过程中，可能实现的**最大有用功**。

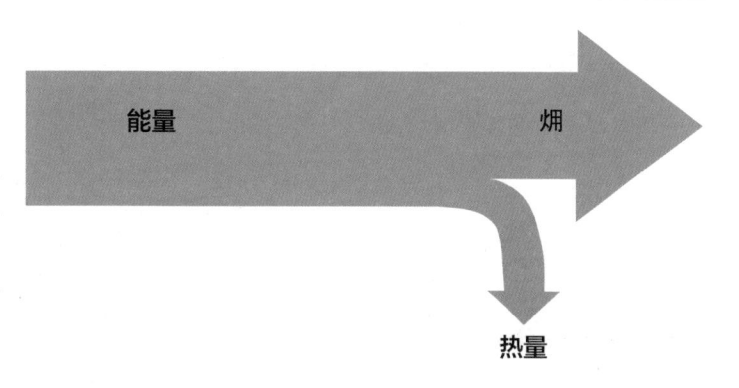

能量 → 㶲 / 热量

桁架结构

桁架是一种由杆件彼此在两端接头处连接形成的组件。这些直杆一般都被制成三角形结构，因此整个组件可充当单个物件。每个杆件要么承受压力，要么承受拉力。

桁架类型

椽子和天花板托梁构成了一个简单桁架，其中的**倾斜构件**承受压力，而**水平构件**则承受拉力。

自行车的**钻石形基本框架**是由两个三角形结构组成的**平面桁架**。与采用**实心材料**制成的相同形状的结构相比，这种桁架的**重量要轻**得多。

空间桁架是一种由若干三角形结构组成的**立体格架**，**高压输电**塔为其实际应用之一。

1614年左右，伊尼戈·琼斯将单柱桁架引入了英国。**克里斯托弗·雷恩**采用这种桁架结构，建造出了大型**平顶房屋**，房屋的**垂直杆件**承受拉力，对**水平杆件**起到支撑作用。

1844年，卡雷布·普拉特和托马斯·普拉特获得了普拉特桁架的专利权。普拉特桁架被大量应用于**桥梁的修造**，其早期材质是**木头**，然后是**铁**，最后是**钢**。

1820年，美国工程师**伊瑟尔·唐恩**获得了唐恩桁架的专利。此后，这种桁架被最广泛用作**格构式桥**的**对角线形构件**。这种桁架结构尺寸小、间距紧凑，可用**板条**制作并由非熟练工人**组装**。

双柱桁架是一种**扩展版**的单柱桁架。

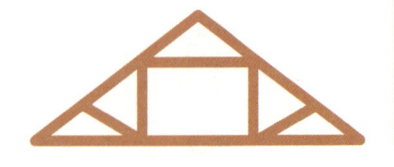

黏　度

浓厚、黏稠、胶黏的液体具有一定黏度。实际上，黏度就是内摩擦力的大小，也可表示为单位面积上稳定流体所受的阻力。

斯托克斯定律

19世纪40年代，乔治·斯托克斯爵士对**黏滞性**进行了研究。根据斯托克斯定律，科学家让滚珠从充满液体的管子中下落，并记录其终端速度，以此来**计算液体的黏滞系数**。

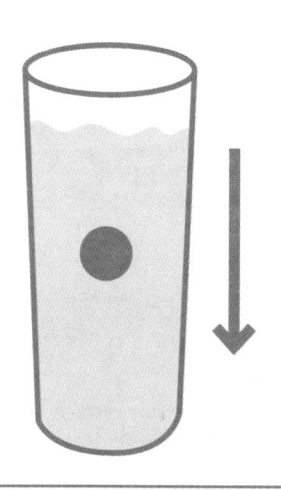

摩擦力

当**液体（或气体）**流过管子时，**边缘处**的摩擦力会对其产生阻滞作用。越靠近中心的流层，移动的速度就越快。黏度是**连续流层**间**摩擦力的量度**。

黏度的通俗解释

糖浆比水更加黏稠。在**摇动**或**搅拌触变性流体**（如番茄酱）时，其黏度会降低。

空气和水的影响

空气黏度会**对航空器的飞行造成阻力**，水的黏度会**拖慢船舶的航行速度**。因此，航空器和船舶多被设计成**流线型**，可以**最大限度地降低这种阻力**。

温度效应

当温度接近**绝对零度**时，氦-3和氦-4等**超流体**的黏度会降至零。如果将一定量的超流体放在杯子中，它们会形成**一层薄膜**，沿着内壁向上漫延，直至从边缘溢出，流淌到杯外。

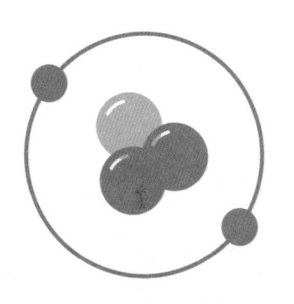

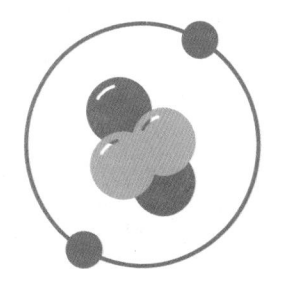

易损性

为了降低易损性，工程师既要在开展项目工作之前评估并计算风险，又要准备好灾难发生时的应对之策。

自然灾害

人、**系统**或**建筑**的易损性在于它们没有能力应对**恶劣环境**带来的影响。例如，一幢坐落在**河流附近的低洼地**上的**房子**，有可能会**被水淹没**。

很多位于**地震**带地区的工程建筑结构在遭遇强烈**震动**时，都可能脆弱不堪（见第11页）。

常见脆弱点

老年人在生活中可能面临上下**楼梯**的**困难**。

在美国，每年约有**3500**人死于**车祸**。任何驾车或乘车旅行的人，都容易遭受伤害。

追求冒险

有些人故意把自己的生命置于危险境地。例如，**攀岩者**、**滑雪运动员**和**水肺潜水员**之所以选择这些职业，是因为追求**冒险**可以带来**刺激感**。

危险物质

紧急救助人员可能需要在穿上**防护服**后处理**危险物质**。

降低易损性

工程师的任务就是估算、判定其工作中涉及的风险，从而**尽量使**建筑结构和人员免受伤害（见**第25页**）。

这可能意味着，**设计防空洞以备战时之需**……

……或为**自行车骑手**提供更好的**头盔**。

坐便器

对处理人类排泄物这一挑战而言,马桶的使用是一个巧妙而精致的工程解决方案。马桶是人类历史上的某些最古老文明的特色产物。而如今我们熟悉的马桶,自18世纪问世至今,都未曾出现过太大的变化。

- **大约公元前2500年** 最早的带有木制椅座和排污通道的厕所,被安装在两个印度河流域城市——摩亨佐达罗和哈拉帕。

- **大约公元前2000年** 于克诺索斯的米诺斯王宫中,安装了第一个冲水马桶。

- **大约公元前100年** 罗马出现了用活水冲洗的公共厕所。

- **大约公元1200年** 中世纪城堡设置了"衣柜"厕所。

- **1596年** 约翰·哈灵顿爵士为伊丽莎白一世设计了带有顶置水箱和杠杆操纵阀的马桶。

- **1775年** 英国钟表匠亚历山大·卡明斯为其发明的S形弯管,即"防臭曲管",申请了专利。

- **1778年** 英国约克郡的约瑟夫·布拉默申请了抽水马桶的专利。

- **1885年** 英国瓷器制造商托马斯·特怀福德和卫生工程师乔治·詹宁斯共同发明了首个一体式全瓷马桶。

厕纸

在厕纸出现之前,人们用来擦屁股的东西可谓五花八门,如**绑着海绵的棒子(古罗马人)**、**羊毛或棉花(欧洲富商)**、**玉米芯(殖民地时期的美国人)**。早在6世纪,**中国人**就在用纸清洁臀部,但厕所专用纸是由美国人**约瑟夫·盖耶提**于1857年发明的。19世纪80年代,**斯科特兄弟**开始出售卷筒厕纸。

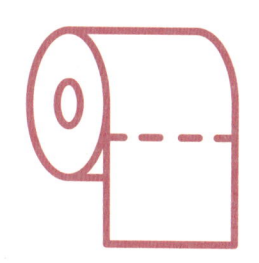

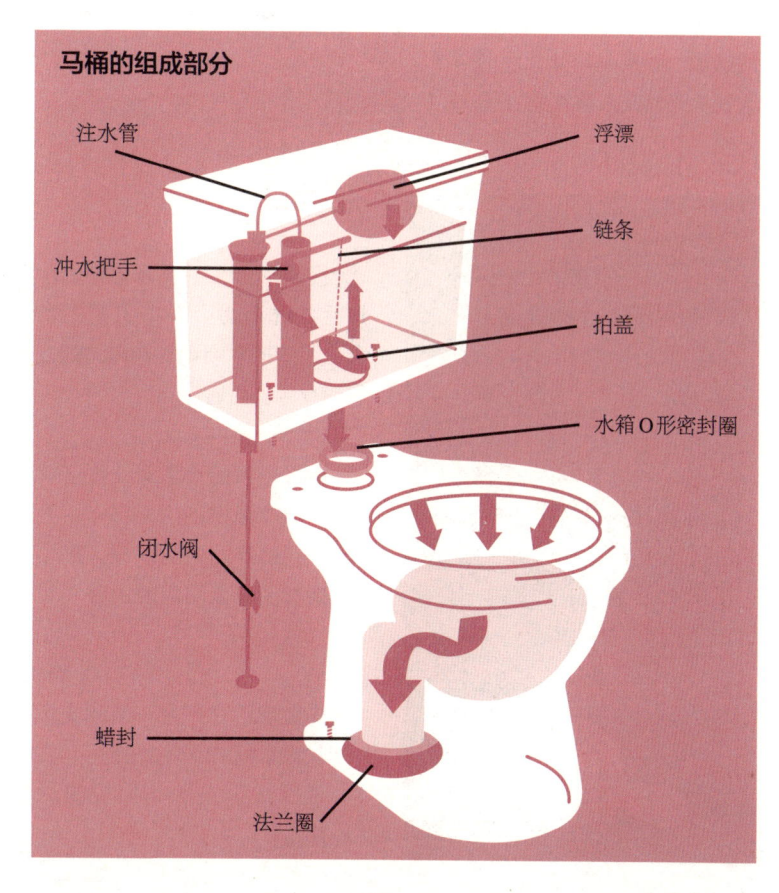

马桶的组成部分

- 注水管
- 浮漂
- 冲水把手
- 链条
- 拍盖
- 水箱O形密封圈
- 闭水阀
- 蜡封
- 法兰圈

水　坝

水坝是横亘在流动水体中的一种蓄水建筑物，其用途多种多样。例如，供水、灌溉、水力发电等，还可以改善河流适航性，为人们提供娱乐消遣的场所及防洪。

水坝的组成部分

水坝的构成要素要视其**上游—下游轴线**而定。水坝的**坝踵**是上游面与坝基的交汇处；**坝趾**是下游面和坝基的交汇处。上游一侧蓄积的水叫作"**蓄水池**"，从下方流过水坝的水叫作"**尾水**"。超高是蓄水池**水面**与水可能**溢出**大坝的**最低点**之间的垂直距离。**溢洪道**是水从水坝上方或周围排出的通道。**坝肩**是修建水坝时需要依托的**天然**或**人造**谷壁。

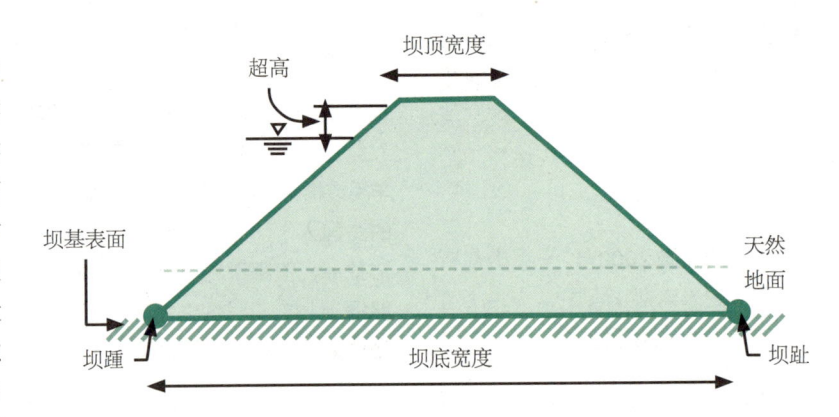

河狸坝

人类并不是动物界中唯一会造坝筑堤的物种。河狸坝平均高约6英尺，宽约5英尺，有史以来人们发现的最宽的河狸坝宽为2788英尺，位于**加拿大艾伯塔省伍德布法罗国家公园**的南部边缘，河狸大概要用20年的时间才将它建造完成。

水坝的类型

水坝必须能承受住**蓄水池中的水所产生的作用力**。根据主要类型划分，不同的水坝承受作用力的方式可谓"各显神通"。

- **拱坝**：坝的水平面被建造成曲面形成坝拱，从而将作用力转移到山谷两侧的坝肩。拱坝在**狭窄、坡度陡峭的山谷**中较为常见。

- **支墩坝**：在下游一侧的支墩可以对**水坝**起到支撑作用，并且可以减少支墩间坝段的材料用量。

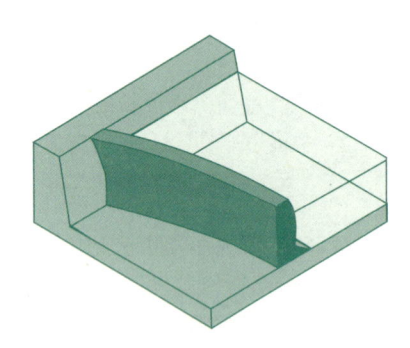

- **土石坝**：这种水坝具有宽大的横断面，因此适合被修建在**较宽的河谷**中。它们采用的是天然材料（如土和碎石），并且通常都设有**不透水的心墙**。

- **重力坝**：这种水坝依靠自身的**重量**来保持**稳定性**，其横截面通常为**三角形**。

青铜时代

人们习惯将石器时代之后的技术发展阶段命名为"青铜时代",当时的人类已经学会了金属加工技术。青铜时代始于约公元前4500年的中东地区。直到公元前500年,北欧地区率先进入铁器时代后,青铜时代才画上了句号。

- **大约公元前6500年** 最早的铜器出现在安纳托利亚东部。
- **大约公元前4500年** 铜石并用时代(铜石时代)的开端,又被称为"早期青铜时代"。
- **大约公元前4000年** 安纳托利亚的冶金家将铜和砷铸成合金,从此发现了青铜。
- **大约公元前3500年** 铜冶炼术在美索不达米亚得到了广泛普及。
- **大约公元前3000年** 地中海地区引领欧洲进入铜石并用时代。在美索不达米亚,锡替代了青铜合金中的砷。
- **大约公元前2500年** 青铜首次出现在英国。
- **大约公元前2000年** 在康沃尔郡的锡矿被投入开采。
- **大约公元前1200年** 铁器时代的序幕在中东地区拉开。
- **大约公元前1000年** 铅被加入青铜中。
- **大约公元前500年** 欧洲的青铜时代结束。
- **公元15世纪** 墨西哥进入青铜时代。

早期的锡青铜
Cu + Sn = 青铜

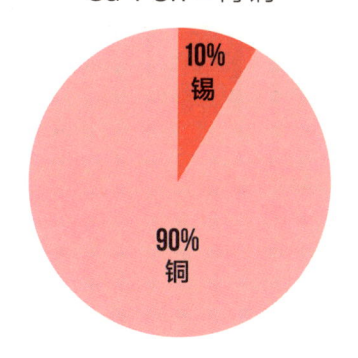

- 10% 锡
- 90% 铜

纯铜和青铜

青铜是纯铜与其他金属(通常是锡)的合金。**史前时代的人们**在开发**冶金**技术之初,最先采用的是原生形式的铜,即天然纯铜。之后,将纯铜与其他金属**熔合**,铸成青铜,从而使铜更易于加工,并且利用青铜制造出更为坚固的**工具**和**武器**。

文明的诞生

对制铜的资源和技术的掌控,有助于推动**城邦国家**和**文明**的发展。因此,**青铜时代**见证了人类**最早的美索不达米亚文明**的兴起及其成就:**文字**、**会计学**和**高等数学**。

青铜时代的进步

在青铜时代,技术和工程的进步包括大规模**灌溉工程**,金字塔和其他**纪念性建筑**的建造,**轮式手推车和古代双轮马车**的普及,**耕犁**的发明及**冶铁术**的发展。

土木工程

桥 梁

桥梁大小不一、形状各异。在高速旅行日益"缩短"世界各地距离的当下，工程师无疑需要建造出横跨江河湖海的更长的宏伟大桥。

简易桥梁

数千年来，人们**将原木或木板铺设在河面上**，从而越过小河。

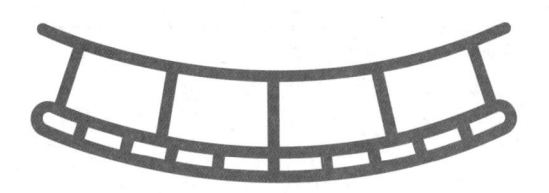

在500年前的南美洲，**古印加人**建造出了横跨**峡谷深涧**的**草绳桥**，并且每年都要重新编织草绳对其进行翻新。

常用道路上的简易桥梁，一般是**由石头修造**而成的。

与此同时，在较为发达的国家，主要干道上都建有渡河用的**石桥**。

运输用桥梁

随着运输需求的增长，桥梁必须足够坚固以**确保马匹和马车通行**，或者足够平坦以**承载铁路线路**。

木质铁路桥不仅建造**成本较低**，建设速度也**较快**。

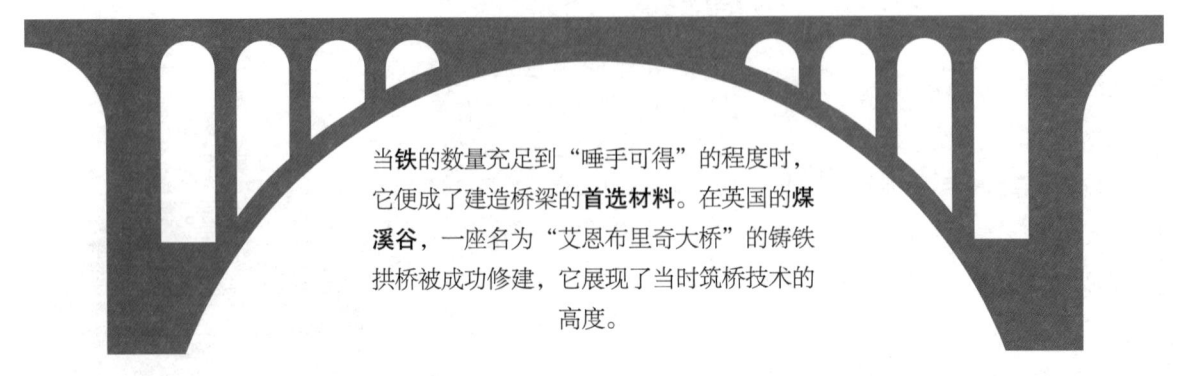

当**铁**的数量充足到"唾手可得"的程度时，它便成了建造桥梁的**首选材料**。在英国的**煤溪谷**，一座名为"艾恩布里奇大桥"的铸铁拱桥被成功修建，它展现了当时筑桥技术的高度。

工程学养成计划

隧 道

隧道是一种地下暗挖通道。最早的隧道被用作输水管道，另外还可将其用于运输、贮存管道和线缆承载。

- **大约公元前4000年** 波斯人修建了"坎儿井"，即引水隧洞。

- **公元前6世纪** 古希腊工程师**欧帕里诺斯**在萨摩斯岛主持建造了一条"钻山"引水隧道。

- **大约公元前1世纪** 古罗马人发明了用于破坏敌人防御工事的军用地道。

- **公元18世纪** 运河的建设开始兴起，这带动了隧道工程技术的发展。

- **1880年** 首次尝试挖掘英吉利海峡隧道。

- **1991年** 英吉利海峡隧道竣工。

欧帕里诺斯隧道

欧帕里诺斯隧道全长约4000英尺，直径为6英尺，渠深从13英尺到29.5英尺不等。隧道的最深处位于一座山的山顶正下方，该处深达558英尺。掘进过程用了8~10年，施工队从两头开掘并最终在中间"会师"。

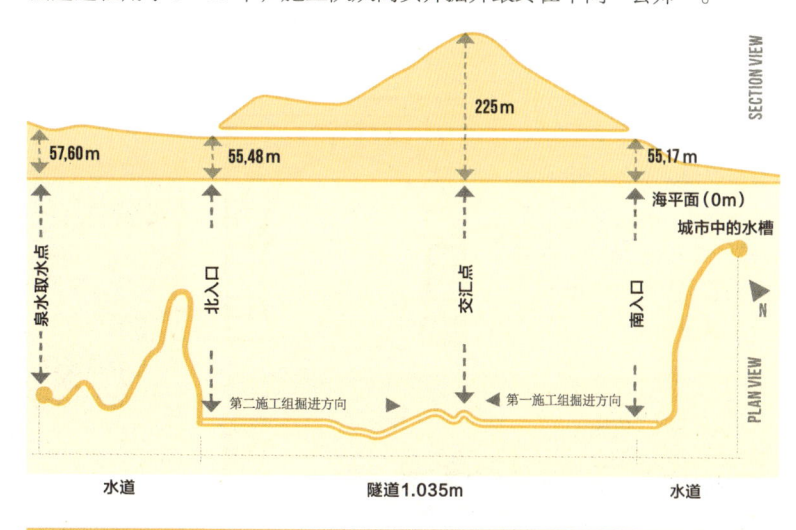

隧道的组成部分

隧道的出入口被称为**"硐口"**，侧面叫作**"隧道壁"**，上半部叫作**"拱顶"**，下半部叫作**"底拱"**。隧道壁内倾段与外倾段的交界点之间的连线叫作**"起拱线"**。隧道的开挖面叫作**"工作面"**。

隧道的类型

一般意义上的隧道的横截面是圆形的，从外观看就像**两个被拼接在一起的延伸的拱门结构**。马蹄形隧道的底拱较为平坦。D形隧道具有水平底拱、垂直洞壁和拱形洞顶。

青函隧道

截至2019年，世界上**最长的海底隧道**是**日本**的**青函隧道**。这条连接日本**本州岛和北海道岛**的隧道，长达33.46英里。

拱 券

拱券是简单的受压结构，工程师将其应用在建筑中的历史已有数千年。这种圆弧形结构可以被用于建筑物的开口处（如门廊），起到承受上方重量的作用。

基本原理

拱顶石将下面的石块向下方和两侧挤压。**拱的中央点**是**拱缝相交**的位置，此处只存在压缩力，不存在任何张力作用。**压缩力**会将拱的**两侧**向外**推挤**，而拱的两侧通常由外部的**拱座**提供支撑。

古代拱券

人类建造拱券的历史可追溯到**四千年**前。许多早期**拱券**都被**建在地下**，支撑拱券两侧的物体通常是周围的土体。

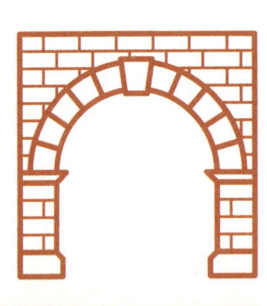

语义溯源

"建筑师"（architect）和"建筑"（architecture）这两个词的含义分别是**"拱的建筑者"**和**"拱形建筑"**。

古罗马拱券建筑

古罗马人对拱券结构情有独钟。他们建造的**石头建筑**，无论是高度、长度还是跨度，都令人叹为观止。**庞杜加德引水高架渠**便是其中之一，河水沿上层水渠被引入附近的城市。此外，古罗马人还在各种建筑中修造了拱门、**拱顶**和**穹顶**，即**立体的拱券**。

中世纪拱券

大多数**罗马式拱券**的顶部都呈圆形，但**中世纪哥特式**教堂和主教座堂的建筑通常采用**尖拱**结构，其特点在于**底部产生**的**横向力相对较小**。

20世纪的拱券

瑞士土木工程师**罗伯特·马拉尔**是一位擅长**钢筋混凝土**拱券结构设计的桥梁设计师。他设计的**萨尔基纳山谷大桥**建于1929年至1930年，是一座三铰拱桥，即桥两端和中间装有铰链，利于结构的**热膨胀和收缩**。

奥斯马·安曼设计的**巴约纳大桥**于1931年启用。这座桥是**世界上最长的钢拱桥**之一，它可将新泽西州的巴约纳市和纽约市的斯坦顿岛相连接。

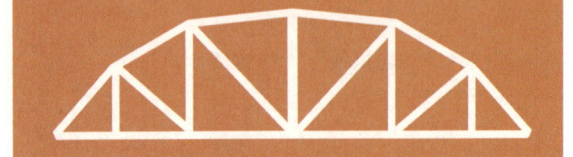

工程学家养成计划

灯 塔

灯塔是一种使用探照灯等各种辅助设备和设施的建筑结构，通常用于为海上轮船中的领航员指引方向，或警告其避让礁石等危险。

公元前660年 诗人莱斯克斯描述了一座位于西革翁海岬（现为土耳其的英奇萨利岬）的灯塔。

大约公元前300—280年 尼多斯的索斯特拉图斯在亚历山大建造了法洛斯灯塔。

大约公元50年 克劳迪乌斯皇帝在罗马附近的门托斯建造了一座雄伟的灯塔。

大约150年 罗马人在多佛和布洛涅建造了西欧最早的灯塔。

大约800年 第一座远在海上的灯塔被建成，它位于吉伦特河口的科尔多安礁石。

大约800年 位于波斯湾入海口处的导航灯塔被记载下来。

大约1200年 玛雅人在中美洲建造了灯塔。

1562年 中国广东西部和江苏北部之间的海岸线分布着711处航标。

1763年 最早的反射光学系统诞生，可利用抛物面反射镜将煤油灯的光线反射。

1800年 内陆灯塔在智利皮卡被建造而成，用于引导旅行者穿越阿塔卡马沙漠。

1822年 法国物理学家奥古斯丁·菲涅尔完善了屈光透镜与棱镜系统。

1902年 配有电弧光灯的抛物面反射镜问世。

20世纪30年代 最早的自动化灯塔诞生。

七大奇迹中的两个

中古世界的七大奇观中，灯塔占据了两个"席位"，分别是**亚历山大的法洛斯灯塔**和罗德岛巨像。

法洛斯灯塔

古人声称，法罗斯灯塔高达600英尺，但它的实际高度大约为150英尺。

菲涅尔聚光灯

奥古斯丁·让·菲涅尔经过不断完善，终于创造出一种精巧的照明系统。该系统可以尽可能多地捕捉来自光源的光线，并使其对准某一方向。**折射棱镜**可使光线折射，从而沿水平方向传播。而**折反射棱镜**能够自上下将光线弯折近九十度，也可使光线沿水平方向传播。

土木工程

阿基米德

阿基米德主要是一名数学家,同时他也是一位拥有非凡技能和创造力的工程师。

生卒年 大约公元前287—前212年

阿基米德的发现与发明

圆周率

他证明了**圆周率 π** 的值介于 3.1408 和 3.1429 之间。

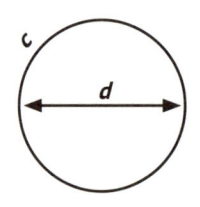

$$\frac{周长}{直径} = π$$

圆柱容球

在不具备现成方程式的情况下,阿基米德依靠纯粹的逻辑,成功证明**圆柱体中内切球体的体积是圆柱体积的 2/3**,并且两者的表面积也同样符合这一比例。这个让阿基米德引以为傲的发现,被铭刻在了他的墓碑上。

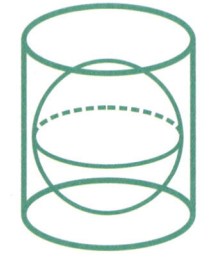

杠杆和滑轮

他发现了**杠杆和滑轮定理**,这让水手得以抬起此前根本不可能举起的重物。

热射线

他发明的**热射线烧沉了入侵的罗马船只**。

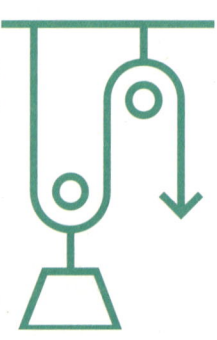

阿基米德原理

这一原理的内容为:某个**物体浸入水中时所受的浮力等于排出的水的重量**。在有了这一发现后,他赤身裸体地跳出公共浴池,**大喊着"尤里卡(找到了)"**。

阿基米德螺旋泵

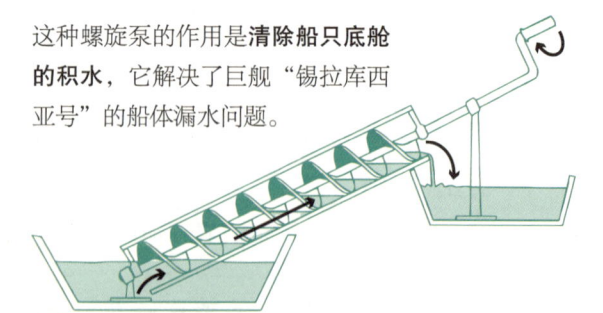

这种螺旋泵的作用是**清除船只底舱的积水**,它解决了巨舰"锡拉库西亚号"的船体漏水问题。

良好公民

阿基米德之所以有如此多的**发明**,是因为他要为**故乡**锡拉丘兹城贡献一份力量,尤其是要捍卫这座城市,**使其免受敌人的侵犯**。

工程学家养成计划

水 车

水车是一种将水的动能及（或）势能转化为水车的旋转运动，以便为研磨或举升过程提供动力的装置。

水车的历史

有关水车的最早书面记载可追溯至公元前400年，但此前水车很可能已经被使用了好几个世纪。在**工业革命**之前，水是**主要的非蓄力动力来源**。当时，几乎每条河流或小溪中都矗立着水车的"身影"。

古斯堪的纳维亚式、下冲式和上冲式

水车有三种基本类型：最简单、最古老、效率最低的**侧转式水车**（古斯堪的纳维亚式水车），效率相对较高的**下冲式水车**，效率最高的**上冲式水车**。

《最终税册》中记载的水车

《**最终税册**》是对英国在1086年的地产状况的统计汇编，其中记录了5624座水车，但实际数字可能远多于此。

凸轮

水车往往要借助**齿轮**将水车的动能变为有用功。若要**将旋转运动转化为线性运动**以实现**冲压**、**捣碎**等，可将一个**凸轮**安装在水车上，再将另一个凸轮安装到**传动杆**或**梁**上，这便是一个十分简单而巧妙的方法。

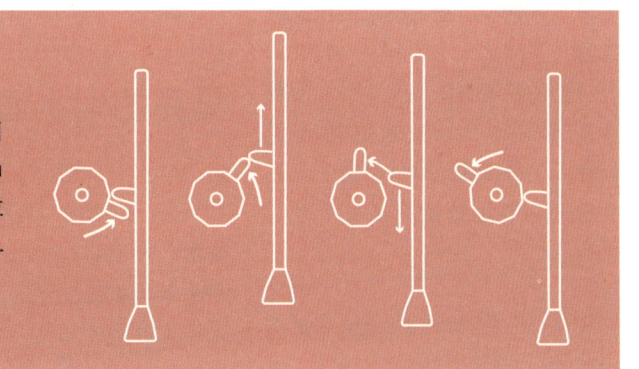

上冲式及下冲式水车

下冲式水车的**效率较低**，一旦水位下降就有可能完全停止工作。如果水流的下落高度足够大，或者能够通过人工作业方式使水流下落，那么就可以将转轮设在适当位置，使水流从上方落到转轮上，从而让**水流的冲力**得到**重力势能的补充**，这便是上冲式水车的原理。上冲式水车的工作效率因其类型不同而异。

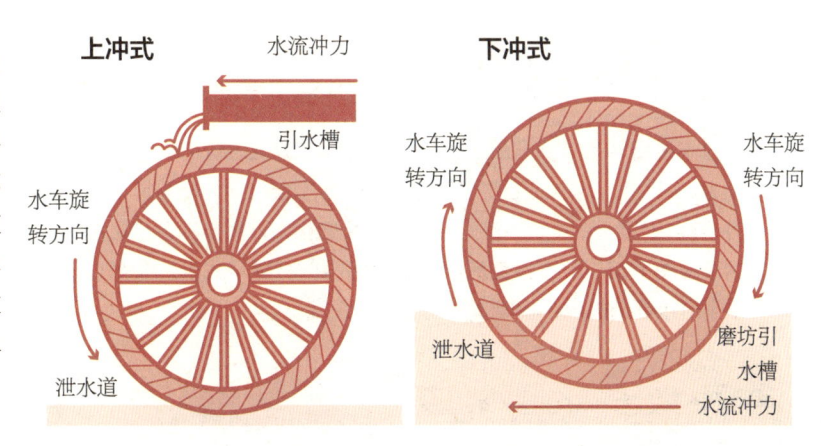

上冲式 水流冲力 引水槽 水车旋转方向 泄水道

下冲式 水车旋转方向 水车旋转方向 磨坊引水槽 泄水道 水流冲力

土木工程

供水系统与下水道

古罗马人建造了众多的地标性建筑和工程,而其中最引人注目的当属水工建筑物,这其中包括引水渠、浴场和下水道。

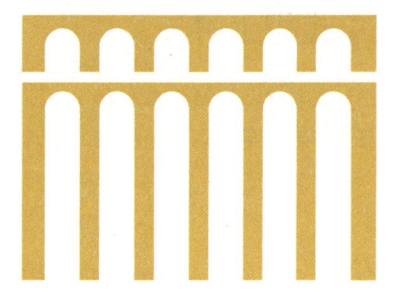

引水渠

古罗马人依靠对**重力**的应用和**精妙工程**技术将水从水源地引入城市。与人们的普遍看法相反,引水渠很少被架设在桥上,而是大多被建在**隧道**或沿**等高线**延伸的**暗槽**中。工程师可以利用**桥梁**或**虹吸管**跨越沟壑。

估算可知,罗马日供水量约为两千一百万立方英尺。

排水管还是排污管?

大多数**的古代行泻通道**,就是我们如今所说的"下水道"。实际上,它们的作用在于将来自**沼泽**、**洪水**和**暴风雨**的地表水排走。罗马的巨型地下隧道**马克西玛水道**起初就是一条排水管。只是到后来,一些公共和私人厕所被接入该水道。在19世纪之前,专门用于排放**人类排泄物**的污水管道还非常罕见。

马克西玛水道

建于公元前6世纪的马克西玛水道最初是一条明渠,其用途是**沼泽地排水**。公元前3世纪,在被彻底围封起来后,这条水道"变身"为一个**桶状拱形**结构的巨大**酒窖**。在此后的2400年中,它一直被作为酒窖使用。

古罗马的厕所

家用厕所将污物排入**凹地**、**大桶**或**粪池**中。**公共厕所**中的**长凳**被放在水槽之上,排泄物顺着**水槽**被水冲走。在如厕者的脚边,还设有另一个可供**冲洗**和**清洁**的水槽。

卡拉卡拉浴场

卡拉卡拉浴场是古罗马最宏伟的建筑之一。这组建筑群的占地面积为13公顷,其中的主要建筑长达750英尺,宽达380英尺,高度约有125英尺,可以同时容纳1600名洗浴者。整个浴场建筑包括**两座图书馆**、一座**健身房**和若干**商场**。一座**罗马式火炕**和来自专用**引水渠**的热水,构成了浴场的**供暖**系统。

中国长城

长城是人类历史上最伟大的工程壮举之一。实际上，它由一系列绵延的城墙组成。这些城墙分布于中国的各个地方，且形式各异、造型多样。

- 战国时期（公元前5-前3世纪）一些诸侯国在其东北边界沿线修筑了小长城。

- 秦朝（公元前221-前206）重建东北段长城，并将长城向西延伸。

- 汉朝（公元前206年-公元220年）重建东北段长城，并将长城向北和向东延伸，使其深入戈壁沙漠。

- 北魏（386-584）修建北京以西的中段长城。

- 辽金（1066-1234）增建长城，使长城延伸至遥远的北方。

- 明朝（1368-1644）重建分布在北京周边、东北地区朝鲜边境及西部的几段长城。

因地制宜、因材施工

虽然长城通常以**砖石**结构的形象示人，但其实这不过是冰山一角而已。**在沙漠地区**，沙子和砾石可以被用来填补**柳条**和**芦苇幕墙**之间的间隙。在缺少石料的地区，人们会将**泥土**和**土壤**夯实，从而构筑巨大的**护墙**。

经典建筑

经典的**明长城**筑有两道**平行的城墙**，墙体材料采用**石板**或**窑烧砖**，并以**石灰砂浆**或**糯米汤**砌筑而成。**当地开采的石块**被堆放在墙体之间，以填补空隙，再将上面的**碎石**和**泥土**夯实。在修建城墙顶部时，还要铺设一层砖石路面。

"万里长城"

人们习惯上将长城称为**"万里长城"**。据说，中国的第一位皇帝**秦始皇**修造的长城，长达3100英里。对历朝历代建造的**各个部分的长城**加以统计，其**总长度**可达到13171英里。如今，游客参观的长城其实是**明代长城**，据说其原本的长度有5500多英里。

明长城高约26英尺，形状上窄下宽，底部平均厚度为15～30英尺，顶部平均厚度约12英尺。25000座**瞭望台**和15000座哨所，是长城**防御功能的有力支撑**。

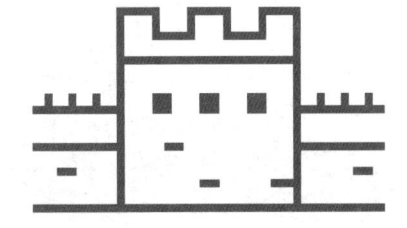

穹顶

穹顶是拱顶的一种形式，这种拱顶的深度大于跨度。穹顶的平面图可以是圆形、椭圆形或多边形，而纵断面图可以是球形、弧形、半圆形或尖角形。罗马人曾发现了一种新材料，这种材料的使用帮助他们建造出了巨大的穹顶。

圆顶还是方顶

穹顶下方空间的平面图形状不同，穹顶的类型也不相同。如果**支撑结构**的平面图与穹顶的**平面图相同**，则该结构被称为"**鼓座**"，而整个结构就叫作"**圆形建筑**"。如果支撑结构的平面图呈**正方形或矩形**，则需要借助"承上启下"的中间元素，使形状从**正方形过渡到圆形**。这些元素包括**弦月窗**、**帆拱**和**抹角拱**。

穹顶的类型

穹顶的名称五花八门、千奇百怪，如**伞顶**、**瓜顶**、**风帆顶**、**圆帽顶**、**回廊顶**、**降落伞顶**、**南瓜顶**、**万神殿式穹顶**等。万神殿式穹顶的名称取自气势宏伟的**古罗马万神殿**。这是一个低矮的穹顶，其内部为**格子形状**，外部为**阶梯形式**。

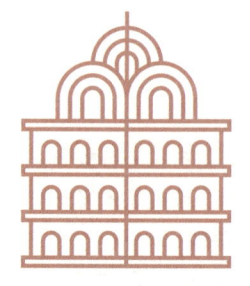

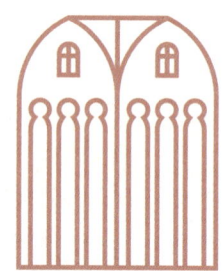

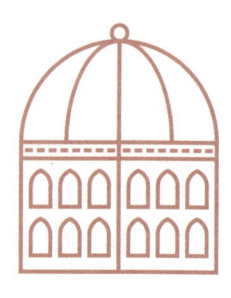

万神殿

万神殿是古罗马人献给**罗马诸神**的宏伟**圣殿**。它位于罗马城内，始建于公元前27年，其建造者为**阿格里帕**。但是，直到**哈德良**统治时期（约120年），万神殿才得以竣工。罗马人利用**混凝土**建造了**一个巨大的穹顶**，并将其置于鼓座上，最终构建出一个直径和高度均为**142英尺**的**圆形大厅**。一个开在穹顶正中央的宽达30英尺的圆形天窗可照亮整个圆形殿堂，它被人们称为"**天眼**"。

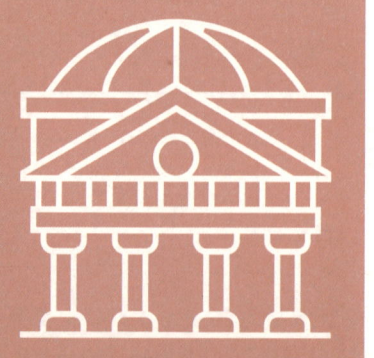

布鲁内莱斯基穹顶

佛罗伦萨大教堂的穹顶是费利波·**布鲁内莱斯基**的一项革命性设计。为配合于1420年开工的**双层蒙皮穹顶**的建造，他采用了各种创新技术以便将穹顶的各个部分结合起来。例如，使用**铁锁链**、**石头**、**铁和木头**制成**用于抵消"环向应力"**的张力环，并应用**以螺旋方式排列的人字形砌砖**。他甚至还**亲自设计**了具有创新性的**滑轮和吊车**。

风 车

风车是一种利用风帆"捕捉"风能的装置，它可以驱动机械进行做功。大多数风车都被用于碾磨玉米或抽水。在内燃机问世之前，风车一直被人们广泛使用。

- **1世纪** 亚历山大城的海伦描述了一种风力驱动装置。
- **644年** 已知最早的关于风车的文献记载出现在波斯。
- **915年** 卧轴式风车出现在波斯。
- **大约1200年** 成吉思汗将会制造波斯风车的工匠带回中国。
- **大约1200年** 单柱式风车磨坊出现在欧洲。
- **1420年** 欧洲有了固定的塔式磨坊，又称"摇头式磨坊"。
- **1745年** 英国人埃德蒙·李发明了自动扇形尾舵。
- **1772年** 苏格兰的安德鲁·米克尔发明了弹性翼板。
- **1789年** 英国人斯蒂芬·霍伯设计出了可以远距离操纵的卷帘式翼板。
- **1807年** 威廉·库比特爵士设计了"专利翼板"，这项发明将米克尔和霍伯的创新技术相结合。
- **1854年** 美国人丹尼尔·哈拉代发明了环形翼板风力水泵。
- **1890年** 第一台风力发电机在丹麦问世。

风车磨坊的类型

历史上出现的风车磨坊主要有以下几种：

卧式风车磨坊

与**古斯堪的纳维亚式水磨坊**类似，风帆沿**水平面**被安装于**垂直轴**上，因此**无须安装齿轮装置**便可驱动碾磨机。

塔式或摇头式风车磨坊

风帆和**转轴**被安装在**旋转顶盖**中，旋转顶盖被架设在一座**固定塔楼**上，塔楼内部容纳着其余的机械和建筑结构。因此，这种磨坊可能比其他类型的磨坊大得多。

单柱式风车磨坊

风帆所在的**垂直面**与**卧轴**相连，通过**齿轮装置驱动其他平面上的机构旋转**。风帆、齿轮和其他机械装置都被容纳在一个由坚固的柱桩提供支撑的结构中，所有构件都可以整体**旋转到迎风位置**。

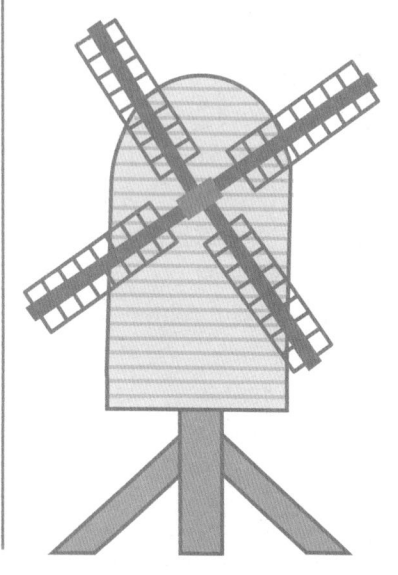

铁

铁具有很高的强度重量比，它随处可得、易于加工，而且在具备成熟冶铁技术的条件下，其加工成本也很低廉。铁是一种具有变革意义的工程材料。

- **大约公元前3000年** 人类已在使用陨铁。
- **大约公元前1200年** 以冶炼铁矿石为标志的铁器时代，拉开了序幕。
- **大约公元前500年** 伊特鲁里亚人在波普洛尼亚建立了炼铁中心，其每年的铁产量可达1600~2000吨。
- **大约公元前500年** 生产生铁的高炉在中国出现。
- **大约公元1世纪** 东非的哈亚人独立发明了高炉。
- **大约1200年** 高炉出现在西欧。
- **1708年** 英国人亚伯拉罕·达比发明了用焦炭做燃料的高炉。
- **1754年** 第一座实现锻铁工业化生产的扎铁厂建成。
- **1760年** 英国年生铁产量达到约2500吨。
- **1779年** 亚伯拉罕·达比建造了首座铸铁桥，这座采用铸铁梁的铁桥横跨了流经煤溪谷的塞文河。
- **1805年** 英国年生铁产量达到约35万吨。
- **1850—1851年** 约瑟夫·帕克斯顿在伦敦建造了铁-玻璃结构的水晶宫。

熟铁坯

铁的**熔点**非常高，可达1540摄氏度或2804华氏度，这样高的温度只有利用高炉技术才能达到。而在**高炉技术**出现之前，**冶炼工匠**只能从熟铁坯中获取铁。熟铁坯是加热形成的混有**铁**、**炭**和**炉渣**成分的大块原料，将这些含铁量较高的原料一并捶打和加工，便可以得到**锻铁**。

铸铁与锻铁

铸铁是将铁水倒入铸模并经过冷却后得到的产物。铸铁的**抗压能力强**，但**抗拉能力弱**。在建筑中，铸铁常被用作**柱子**和**栏杆**的材料。**锻铁**是经锻打而强化的铁，其**脆性**较低。

"猪铁"

压力可迫使空气进入**高炉**，从而提**高炉温**，出炉后的**铁水**要被浇入形似吃奶的猪仔的模具中。最终得到的**铁锭**被俗称为"生铁"或"猪铁"，它们将被用于制造**锻铁**或**钢**。

铁制建筑

位于英国**煤溪谷**的**艾恩布里奇大桥**是第一座用铁修造的大型建筑物。之后，更多的铁桥以及采用**铁框架**的工厂和仓库相继落成。1804年，**威廉·斯特鲁特**在贝尔珀建造的诺思棉纺厂便是其中一例。**铸铁柱子**被用作顶梁柱，为砖砌结构提供支撑。1851年修建的**水晶宫**成为了**维多利亚时期的铁-玻璃建筑**的登峰造极之作。**铁梁和铁铆钉**使带有**轻质外墙板**的**金属框架**结构的建造成为可能，从而为更高建筑物的修建奠定了基础。

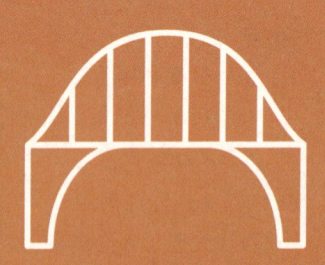

蒸汽机

作为工业革命时期的代表性技术，蒸汽动力为世界带来了革命性影响，但只有借助某些工程学成就，才能让它获得用武之地。

- **公元前1世纪** 亚历山大城的海伦对一种汽转球或蒸汽机进行了描述。

- **1644年** 埃万杰利斯塔·托里拆利证明了大气重量与真空的存在。

- **1657年** 奥托·冯·格里克成功运用了真空和大气压带来的巨大力量。

- **1679年** 丹尼斯·帕潘利用冷凝蒸汽制造局部真空，并发明了单冲程活塞。

- **1698年** 托马斯·萨弗里为他发明的泵申请了专利，这种泵可将汽缸中的蒸汽冷凝，由此产生将水抽出的吸力。

- **1712年** 托马斯·纽科门展示了他发明的蒸汽机泵从矿井抽水的过程。

- **1769年** 詹姆斯·瓦特发明的独立冷凝缸获得了专利。

- **1775年** 瓦特和马修·博尔顿制造出高效蒸汽机。

- **1781年** 瓦特重新设计了他的纯蒸汽机，使其产生了旋转运动，从而能满足更广泛的工业应用需求。

纽科门开启工业革命大门

纽科门发明的利用**废煤**做燃料的**蒸汽泵**，扩大了**煤矿开采规模**，推动了**工业革命**的进程。

泵 → 煤 → 工厂

瓦特的冷凝器

纽科门蒸汽机产生的蒸汽会在汽缸中冷凝。因此，伴随着每一次冲程，汽缸都不得不反复冷却和加热，使其效率低下。瓦特意识到蒸汽具有**"伸缩性"**，因此可以在一个高温容器中产生蒸汽，而在另一个低温容器中将蒸汽**冷凝**，从而通过局部真空形成压力。

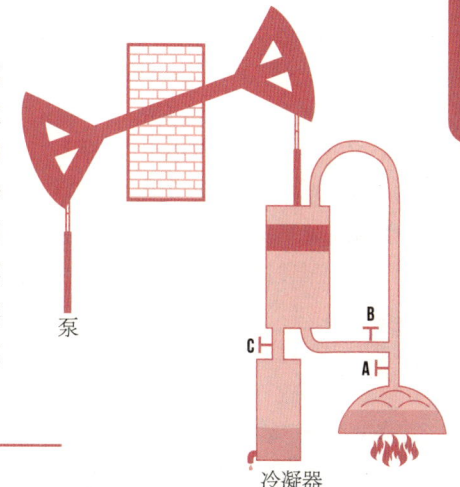

泵

冷凝器

大气与纯蒸汽

纽科门蒸汽机和早期的**瓦特蒸汽机**都是**大气蒸汽机**，它们依靠**大气的重量**驱动活塞的下冲程。后来，瓦特将活塞置于**密闭的汽缸**中，利用**膨胀的蒸汽**驱动活塞的两个冲程，从而大大提高了蒸汽机效率。

土木工程

工 厂

　　工厂是一个以制造产品为目的的生产体系。按照一般的理解，工厂就是一栋建筑或一组建筑。但就工程学意义而言，工厂可以被视为一种管理控制方式，它可将各个组成部分结合成一个系统，并能保持系统的有效运作。

工厂出现之前

工业革命之前的工厂，就是贮存贸易**商品的仓库**，是**贸易商或代理商开展商贸业务的基地**。**工业生产过程**往往是小规模且分散化的，即**家庭手工生产**。但总有**例外情况**。例如，在**希腊**的**拉夫里翁**就建有**厄贾斯特里亚**，这是一座负责**冶炼及加工矿石**的古老工厂。

阿克莱特的棉纺厂

英国人**理查德·阿克赖特**曾是一个理发师，后来开始从事**纺织机械**的研发。1771年，在德比郡**德文特河**的河岸，他开办了一家棉纺厂，并将许多**新型机械设备和生产工艺**集中在同一厂房中。历史上**第一座真正意义的工厂**就此诞生。尽管人们通常将他描述为**富有创新精神的企业家**，但实际上，称他为"**系统工程师**"也许更加准确。

科学管理

美国在工厂系统领域的**创新**，特别是**高度机械化**，使"**美式制造业体系**"成了英国人热衷讨论的话题。随着**弗雷德里克·泰勒**关于科学管理原则的提出，系统工程领域的创新迈上了新的高度。该原则主张**明确分工、集中控制、理性管理**并对生产作业流程进行"**秒表分析**"。

美国人的实验

工程师**塞缪尔·斯莱特**将英国工厂的创新技术引入美国。1790年，他在**罗德岛**建立了美国第一家纺织厂，接着又创建了"**企业化村镇**"。镇内全体居民都在为**棉布生产**贡献着力量，这使工厂的定义得到了延伸。自1814年起，以**弗朗西斯·卡伯特·洛厄尔**为首的一批实业家在**马萨诸塞州**开办了几家**完全集约化、高度机械化**的大型工厂，从而形成了一种非传统的工厂模式。

工程学家养成计划

悬索桥

悬索桥是拉伸结构建筑的典型代表，它由能够承受拉伸力作用的组件构成。悬索桥的形态是由其自身的重量决定的。

绳索与链条

由**藤蔓**和**绳索**建造而成的吊桥，可能是**人类最早的工程建筑**。在**南亚地区**，**铁链**悬索桥的建造历史可以追溯到**中世纪**。

雅各布河吊桥

西方的首座悬索桥由美国法官**詹姆斯·芬利**设计，它横跨**宾夕法尼亚州的雅各布河**。芬利设计的这座桥复制了**亚洲的桥型**，**桥面板**吊挂在自**铁链桥索**悬垂而下的**垂直吊杆**上。

梅奈桥

1826年，**托马斯·特尔福德**主持建成了**梅奈悬索桥**。整座桥吊挂在**铁链**上，将威尔士与**安格尔西岛**连接起来。**皇家海军**坚持要求，这座桥在涨潮时的**净空高度**必须超过100英尺。

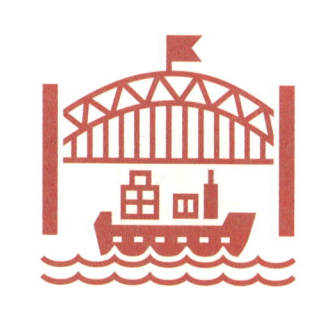

约翰·奥古斯都·罗布林的悬索桥

罗布林是设计悬索桥的**先驱**。由他设计的这座悬索桥高达1057英尺，连接了**辛辛那提和卡温顿**。1866年大桥开通时，其长度为世界之最。

乔治·华盛顿大桥

由首席土木工程师**奥斯马·安曼**设计的乔治·华盛顿大桥长达4760英尺，起悬吊作用的钢丝有106000根，总共被编织成**四条主缆**。大桥承载了**14条**往返**纽约市**的车道。

丹阳昆山大桥

目前，**世界最长的桥**是**中国的丹阳昆山大桥**，它是**京沪高铁线路**的一部分，总长度达102英里。

水 泥

水泥是水泥砂浆的重要组成部分，它是一种黏结物质，可将其他材料（如砖块）黏结在一起，或可与骨料混合制成混凝土。

石膏

古**埃及人**用石膏制作水泥。石膏是一种**钙**、**硫**含量丰富的岩石。将石膏加热以**去除**束缚于钙和硫中的**大部分化学水**，完成煅烧，然后再将其碾成**粉末**，以便与水混合，制成黏性**水泥砂浆**。

罗马水泥

罗马人发现了一种被他们称为"卜作岚"的水泥，这一种类似于砖粉的**火山灰**，它最早产自维苏威火山附近的波佐利，后来也可利用**熟黏土和砖屑**制作。罗马人的水泥**甚至可以在水下使用**。

波特兰水泥

到了中世纪晚期，防水水泥的秘方失传了。现代水泥的起源，可以认为是**约瑟夫·阿斯皮丁**在1824年获得的**硅酸盐水泥**专利。他之所以把这种水泥命名为"波特兰"，是因为用它制成的混凝土类似于**波特兰石**。阿斯皮丁的水泥制作方法是，将**粉质黏土与石灰石一起加热，煅烧**成粉。1845年，**艾萨克·约翰逊**利用**更高温度**制造出了第一批现代波特兰水泥。

水硬效能

波特兰水泥甚至可在**水下凝固**，而证明此特性的过程则颇具戏剧性。一艘载有几桶阿斯皮丁水泥的**船只在英格兰海岸沉没**，后来这些桶被找回，而其中的水泥已经凝固，人们利用这些水泥**建造了一家**位于肯特郡希尔内斯的酒吧。

盾构隧道掘进技术

挖掘河底隧道是19世纪的重大工程挑战之一。起初，人们尝试在伦敦泰晤士河的河底进行挖掘，却遭遇了悲剧性的失败。后来，工程师马克·布鲁内尔（1769—1849）在观察蠕虫活动时，产生了一个奇思妙想……

危险地带

1807年，发明**康沃尔蒸汽机**的先驱者**理查德·特里维希克**（1771—1833）试图在泰晤士河河底挖掘一条**隧道**。但他发现，这是一项**异常艰难**的任务。隧道必须穿过**浸满水**的**淤泥**和**流沙**，同时还要承受上方**河水**的**巨大压力**，而当潮水升高时，隧道所受的压力更是有增无减。由于隧道不断被浑浊的河水**浸灌**，特里维希克最终**放弃了**这一尝试。

隧道"蠕虫"

法国流亡工程师马克·布鲁内尔将目光投向了**朽烂船只的船木**。他借助放大镜观察**船蛆**或**凿船虫**，并亲眼看到了这种生物的**打洞**过程：它先用锉刀一般**锋利**的**颚部**切开木材表面，再**将木浆加工成坚硬的洞穴衬层**。这一发现使他产生了发明**隧道盾构技术**的灵感。

盾构

布鲁内尔的绝妙构思为：建造一个由**金属顶板**保护并**分成多个隔室**的网格或框架形金属结构，并将**每一间隔室的前部**用木制**挡土板**封闭，以便阻挡住**湿土**，每个挡土板都可以在**千斤顶**的作用下向前移动。在每间隔室都安置一名矿工，矿工每次作业时取下一块木板，**挖一个几英寸深的盒形凹洞**，再将木板前推到新的**工作面**。当隔间的整个工作面都凿挖完毕后，**千斤顶**便将隔间**向前推移**并使其紧贴新的工作面，**整个构盾**也将被千斤顶**一点点地缓慢推进**，而跟随在钻机后面的**泥瓦匠**将迅速**用砖头搭建隧道衬砌**。

缓慢的施工进度

1825年，布鲁内尔开始施工。尽管盾构技术发挥了一定的作用，但工程项目仍旧**危险重重**。在一次造成6名矿工丧生的洪水后，该项目更是一度**停工了七年**。最终，该隧道于**1841年竣工**。

土木工程

混 凝 土

混凝土是一种人造岩石，它可以经模压成形，其用途为将其他建筑材料结合。

混凝土的制造

混凝土是由细碎的硬质材料（**骨料，通常为碎石**）与**砂浆混合**而成的。砂浆是由**沙子**、**水**和**水泥**（一种**黏合剂**，现在通常采用**波特兰水泥**）的混合物制成。

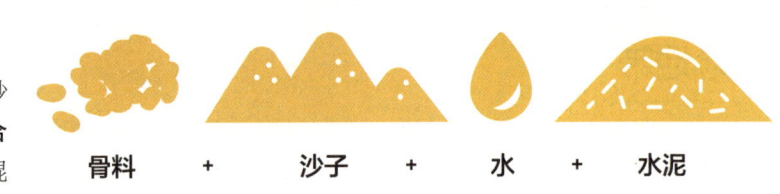

骨料 + **沙子** + **水** + **水泥**

古罗马的混凝土建筑

在掌握了制造**慢干水泥**的技巧后，古罗马人便能够建造出令人惊叹的混凝土结构。例如，**万神殿**和**金色圣殿**等**巨型圆顶**建筑，它们具有庞大的室内空间。

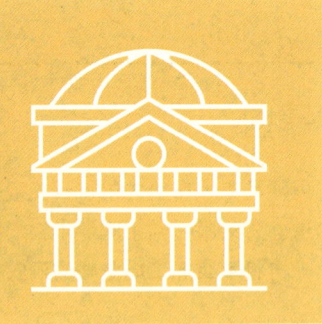

古罗马混凝土

最早发现混凝土应用潜能的，是古罗马人。他们使用的是被称为"**古罗马水泥**"的混凝土，由掺有**石灰和火山灰砂浆的石子**制成。

钢筋

最早的关于钢筋混凝土的实验于19世纪初进行。1832年，**维多利亚式温室建筑**的先驱者**约翰·劳登**对向**钢筋混凝土楼板中加入铁条**进行了记录。如今，钢筋混凝土是由**钢筋棍**制成的，因此能承受**巨大的压缩载荷和拉伸载荷**。另外，这种钢筋混凝土的**耐火性**非常强。

拉伸和压缩

混凝土**抗压强度高**，但**抗拉强度弱**。若要将混凝土用于类似**梁**的结构，就必须对其进行**加固**。

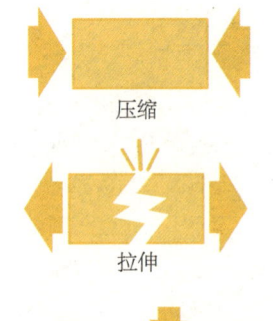

压缩

拉伸

混凝土板弯曲时，拉伸力会将其底部扯开

工程学家养成计划

贝塞麦转炉

钢铁也许是19世纪末至20世纪最重要的工程材料。其实，这一切要归功于一位工程师，这位工程师发明了一种技术可靠且成本低廉的制钢方法。

- 大约公元前1000年 古代人可以制造出少量的钢。
- 大约公元前500年 托莱多钢问世。
- 大约公元800年 大马士革人将进口的亚洲钢用于炼造钢。
- 大约1100年 中国人利用高炉产钢。
- 1856年 贝塞麦发明转炉炼钢法。
- 1859年 贝塞麦建立了自己的钢厂。

含碳量

钢是**铁和碳的合金**（重量比为0.1%~1%），有时还含有**锰**等其他元素。在铁中加入**碳**的工艺被称为"**渗碳**"。古代的铁匠可以用**木炭加热铁**的方式，对铁的表面进行渗碳处理，但他们对于工艺的控制和标准化无能为力。

完美平衡

碳改变了**铁原子**原有的**晶体结构**，使材料**更加坚硬**，**抗拉强度**更高，但同时使**脆性**有所下降（**韧性变小**）。碳含量越高，钢的硬度就越高，但也会变得更脆。工程师要在材料**抗拉强度和延展性之间寻找平衡点**。为此，他们通常使用碳含量为0.15%~0.4%的钢。

贝塞麦

亨利·贝塞麦（1813—1898）是一名工程师，他发明了一种新型**大炮**，并希望能用**钢进行铸造**。于是，他设计了一种**大型坩埚**，在将铁水倒入其中后**吹入空气**，使气流穿炉而过，**燃烧掉**那些使铁变脆的**杂质**。这就是**贝塞麦转炉**。

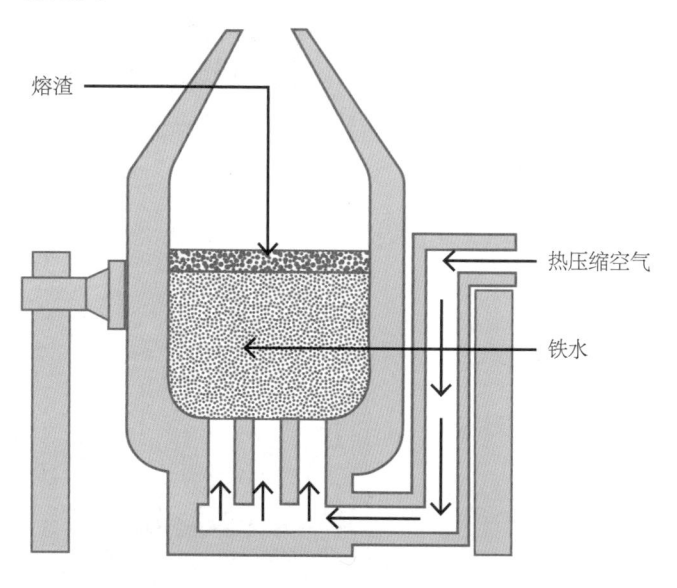

杂质

19世纪中叶，钢的产量**有限**且**价格昂贵**。因此，其用途仅限于**餐具**之类的小物件。钢的代用材料**锻铁**，同样价格高昂。因为**铸铁**中含有易使材料**变脆的杂质**，但要将它精炼成锻铁需花费很大气力。

熔渣
热压缩空气
铁水

土木工程

约瑟夫·巴扎尔盖特爵士

巴扎尔盖特为伦敦设计的下水道至今仍在使用中，它不仅解决了伦敦的污水问题，还对于根除伦敦霍乱疫情起到了积极的作用。

- **1819年3月28日** 巴扎尔盖特出生。

- **1840年** 伦敦人口增至250万人，居民生活污水从厕所满溢而出后，淌过街道流入河中。

- **1849年** 巴扎尔盖特被任命为助理测量员，服务于首都污水治理委员会。

- **1853—1854年** 在伦敦暴发的霍乱疫情导致约一万人丧生。

- **1856年** 首都市政工程局成立，巴扎尔盖特任该局工程师。

- **1858年** 从下水道溢出的污水和夏天的酷热让伦敦市民不堪忍受"臭味扑鼻……眼下，整条河都成了一条名副其实的下水道"，迈克尔·法拉第在写给《泰晤士报》的信中说道。

- **1858年** 下院议员在议会辩论"大恶臭"问题，并向首都市政工程局拨款300万英镑，修建下水道。

- **1874年** 巴扎尔盖特获封爵士。

- **1891年3月15日** 巴扎尔盖特逝世。

巴扎尔盖特设计的下水道系统

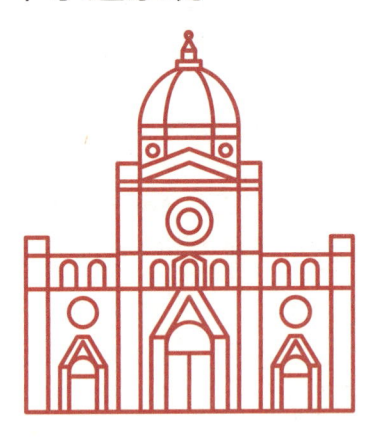

虽然巴扎尔盖特早期设计的大部分下水道都是由**砖砌成**的，但他仍是最先将**混凝土用作**结构材料的工程师之一。

位于泰晤士河北岸**米尔斯修道院**和南岸**克罗斯内斯**的两处泵站，可将污水向上抽吸至足够的高度，使其能够向低处流动，流至东边较远处的河口。米尔斯修道院因此被戏称为"污水大教堂"。

在泥泞的河滩上，巴扎尔盖特修建了**维多利亚堤岸**、**艾伯特堤岸**和**切尔西堤岸**，并将污水干渠和地铁隧道容纳于其中。

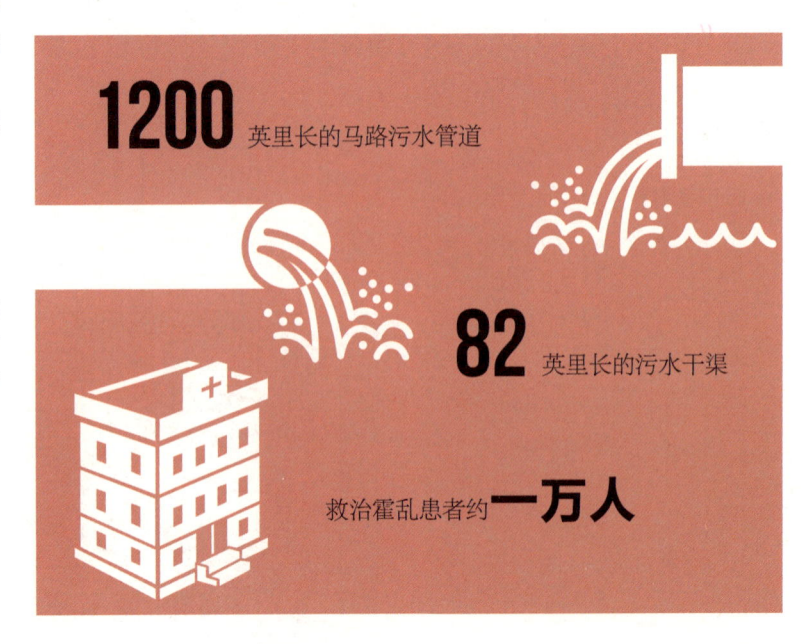

1200 英里长的马路污水管道

82 英里长的污水干渠

救治霍乱患者约**一万人**

摩天大楼

在工程师研究出合适的建筑材料与技术,并克服重大的工程挑战后,超高层建筑才有了拔地而起的可能。

- 1868—1870年 纽约公平人寿保险大厦,高达131英尺。
- 1883—1885年 芝加哥家庭保险大楼,高达138英尺。
- 1887—1888年 芝加哥塔科马大楼,高达164英尺。
- 1911—1913年 纽约伍尔沃斯大厦,高达791英尺。
- 1930—1932年 纽约帝国大厦,高达1247英尺。
- 1969—1970年 芝加哥约翰·汉考克中心,高达1129英尺。
- 1964—1974年 纽约世界贸易中心,高达1368英尺。
- 1972—1974年 芝加哥西尔斯大厦,高达1453英尺。
- 1991—1997年 马来西亚吉隆坡石油双塔,高达1482英尺。
- 2010年 迪拜哈利法塔,高达2716英尺。

高度无限?

建筑物的高度受诸多因素的限制:**材料的坚固程度**,影响材料所能承受的最大载荷;建筑**结构设计**,影响建筑的负载能力;**建筑材料**的**成本**;住户对楼层的意愿。

工业建筑

从早先的**桥梁**到后来的**工厂**,围绕工业建筑而制定的策略为先**搭框架再修围墙**,这可以使很多问题迎刃而解。**工业建筑方法**需要根据一系列便捷和**可重复的步骤**,将**标准化构件**组合,以便能够**高效率、低成本地组装**庞大的建筑结构。

造价合适

尽管**砖木**这类建筑材料可以将**设计蓝图**上的摩天大楼化为现实,但由于此类材料的用量极大,会使工程造价达到"**天价**"。相反,**铁和钢**既**足够坚固**、**重量较轻**,又相对便宜,用铁制或钢制构件搭建的**框架可承受巨大的载荷**。场外预制建筑构件,如标准尺寸的**混凝土板**和**钢梁**等,可以**大规模量产**且成本低廉。

土木工程

金属框架

就传统而言,**墙壁**是建筑结构的**承重结构构件**,但**摩天大楼的设计**却反其道而行之。**金属框架**或**骨架**成了建筑物的承重构件,而围墙则像窗帘一样被吊挂于其上。因此,这种墙也被称为"**幕墙**"。

扶摇直上

不要奢望人们愿意走楼梯上下好几层楼,因此**电梯**是摩天大楼的建设具备可行性的前提。**第一座安装电梯的办公大楼**是公平人寿保险大厦,该大厦于**1870年**在**纽约市**投入使用。无独有偶,它又被**公认为世界上的第一座摩天大楼**。

埃菲尔铁塔

1889年，巴黎计划举办世界博览会以庆祝法国大革命爆发一百周年。作为庆典的一部分，古斯塔夫·埃菲尔设计并主持修建了这座宏伟的铁塔，它堪称"工程理念与施工技术的奇迹"。

工程师埃菲尔

埃菲尔因他设计的铁塔而名甲天下。其实，他还主持修建了很多重要的**桥梁**和建筑结构，如**自由女神像的内部铁骨架**。

天衣无缝

埃菲尔铁塔的金属构件由**铆钉**固定。铆钉类似**螺栓**，但在将它们插入通孔之前，要先对其进行**加热**，使其**膨胀**和**软化**。铆钉就位后，要敲击两端**使其扁平**。铆钉在**冷却**时会**收缩**，从而将**金属构件连为一体**。建造埃菲尔铁塔使用了**两百五十万个铆钉**。

搅炼熟铁

埃菲尔是运用**搅炼熟铁**的专家。搅炼熟铁是**一种锻铁**，它具有**与钢类似的特性和优点**。

施工神速

埃菲尔铁塔的建设于1887年1月28日**破土动工**，于1889年3月31日**完工**，从开工到完工，仅仅用了**两年两个月又五天**。

通天巨塔

埃菲尔同他的两位工程师**莫里斯·克什兰**和**埃米尔·诺吉耶**构想出一种**类似塔架的结构**，其中四个起到**支撑作用的格构式梁架**在塔架顶部收拢。这个设计灵感源自纽约水晶宫旁的**观览塔**。

创始蓝图

埃菲尔铁塔的原始设计极尽**夸张的建筑风格**，例如，**纪念碑式的大拱门**，把每一层都设计为一个**玻璃幕墙大厅**，以及**灯泡形的塔顶**。

精密工程

埃菲尔设在巴黎郊区的**工厂**要为铁塔生产**18038个金属部件**，其**设计精度达1/10毫米**。工厂会将它们**预制成5米长的基本构件**，制成的构件随即被运送至铁塔施工现场，由**150~300名工人进行组装**。

相关数据

- 高度：1122英尺
- 等高的楼层数：84层
- 基座四个边的边长：410英尺
- 重量：7300吨
- 油漆：60吨
- 电梯：5台

英吉利海峡隧道

世界上最长的海底段隧道是英吉利海峡隧道，这条连接英、法两国的隧道被修建在英吉利海峡的海底。它的建成标志着一个诞生于两百多年前的伟大梦想终于成真。

- **1802年** 法国工程师阿尔伯特·马修提议开凿一条横穿英吉利海峡的海底隧道，并计划在中途修建一座可供马匹休息的人工岛。
- **1872年** 铁路时代的来临，让这个项目变得切实可行，英吉利海峡公司自此成立。
- **1881年** 英吉利海峡公司的竞争对手东南公司成立。
- **1882年** 在多佛开掘隧道。
- **1883年** 掘进作业中止。
- **1966年** 英法领导人承诺建设一条连接两国的运输纽带。
- **1988年** 自隧道两端开始对挖。
- **1990年** 隧道成功对接。
- **1991年** 隧道竣工。
- **1994年5月** 密特朗总统和伊丽莎白二世女王共同主持了隧道通车仪式，同年11月，首批旅客穿过隧道。

"三位一体"

海底隧道实际上由**3条隧道**组成，而这3条隧道又被分为2条大型铁路隧道（宽达25英尺，高度足以容纳一辆双层巴士）和一条较小的**服务通道**。

"追随"白垩岩

质地稳固的白垩岩横贯英吉利海峡的海底，隧道会在某些位置沿垂直或水平方向**"转弯"**以避免脱离白垩岩层。隧道在**海床下的平均深度为148英尺**。

交通拥挤

每天，英吉利海峡隧道中都会有**四百列火车**（平均载运**五万名乘客**）通过，此外还会有**六千辆汽车**及**五万四千吨货物**通过。

为胜利而掘进

挖掘英吉利海峡隧道总共动用了11台**隧道掘进机**：法方5台，英方6台。法国一侧的**土地较为潮湿**，导致**法方的施工进度相对慢一些**。隧道衬砌采用了两种系统：**预制混凝土圈梁和拴接铸铁管片**。

朝发午至

英国和法国的最近距离约为21英里。但这三条隧道的总长度达到了35英里，因为它们的起点站、终点站都被设在内陆，分别位于英国的福克斯通和法国的加来。隧道开通之前，从伦敦乘火车或渡轮到达巴黎需要六七个小时，而现在坐火车仅需两个半小时。

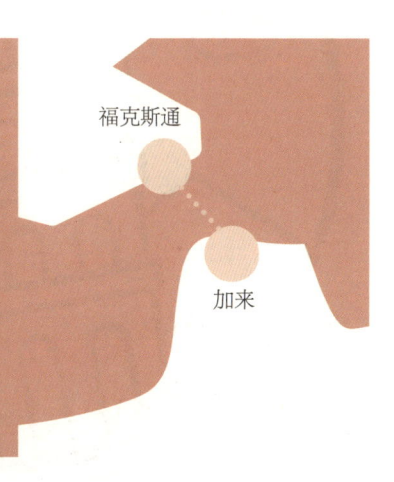

福克斯通

加来

土木工程

拯救比萨斜塔

比萨大教堂的中世纪钟楼因其倾斜的姿态而闻名于世。然而，在1990年人们发现，它随时面临着倒塌的危险。于是，工程师们被请来拯救这座标志性的建筑。

这座184英尺高的钟楼偏离垂直线的距离约为17英尺。

变化无常的土地

钟楼的工程建设始于1173年，直到1372年才完工告竣！工人们修建好第二层时，已是**动工后的第5年**，而此时**钟楼已经开始出现倾斜**。其原因可归为两点：斜塔采用**浅地基**（埋深仅10英尺）；斜塔被修建在**不稳定的天然地基上**。

补救措施

随着钟楼施工的不断进行，建造者们力图**对塔楼的倾斜姿态进行补救**，其具体方法是：在**修建上层楼面时，使北侧**（与倾斜一侧相反的方向）**的墙体略短于南侧**。于是，钟楼便形成了**既弯曲又倾斜的姿态**。

抢险队

1990年，人们**担心斜塔有可能倒塌**。为此，意大利政府组建了一个由**英国工程师约翰·伯兰**领导的委员会。该团队想出了一个**简单的解决办法**：先从塔楼地基北侧的下方挖出几卡车的**泥土**，再用**钢缆**缠绕在塔楼下部对其进行加固，塔楼也可凭借自身的重量将北侧密度较低的底土压实。截至2001年，比萨斜塔被"扶正"了15英寸。

岿然不倒

2013年时，比萨斜塔又被"扶正"了一英寸。在它重新"改斜归正"之前，仍有望再将其**略微纠正复直**，但这一过程十分缓慢。因此，它应该还可以安然屹立数百年。

工程学家养成计划

轮　子

　　轮子是一项革命性技术，它最早在西亚地区出现，出现年代应当早于公元前4世纪初。在工程学的推动下，制轮技术被不断改进，日臻完善。

轮子的演变

轮子是从**固定式滚木**演变而来的。起初，人们将**圆滚木**放在**滑橇**下方以**减少摩擦**，并用**木榫钉**或**销钉**将其固定在适当位置。后来，滚木被改进为**两端带有实木圆盘的轴**，再将轮盘固定在轴上，**整个组件便可以实现旋转**。

轴销和轮毂

从公元前3世纪开始，标准的车轮构造是将**车轴固定于车架**，再将车轮插入车轴两端，并用**轴销**固定，以使车轮能够**绕车轴旋转**。车轴穿过的车轮部分，被称为"**轮毂**"。

轻装减负

实心轮非常**笨重**。给车轮"**轻装减负**"的最早做法是**将其部分挖空**（俗称"**月牙形凿孔**"）。后来，人们又发明了一种全新的车轮，它采用**曲木轮缘**，并通过**辐条**与**轮毂**连为一体。

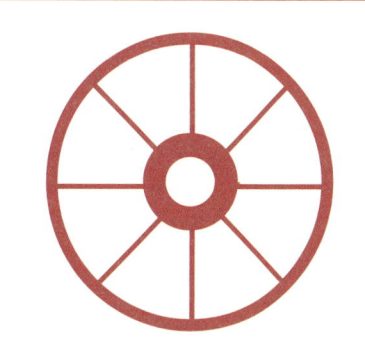

活动半径扩大

一个人单靠步行一天最多能走**大约30英里**，而在**负重情况**下，这一距离会大大缩短。一匹**重载的驮马**一天可走八小时，但最远行程不超过16英里。**如将货物放在轮式马车上**，那么同一匹马的**运输量可增加一倍**，并且每天能多跑三英里。

缺失轮子之谜

在哥伦布发现新大陆之前，轮子对美洲人而言，早已不是一个新鲜的概念（体现在其制作的玩具中）。但不知何故，他们**没能创造出轮式车辆**。

运河和水闸

运河是为治水而修建的人工河道或经改造的天然河槽，可用于内河航运、灌溉及排水。

- **大约公元前5000年** 在美索不达米亚平原出现了灌溉渠。
- **大约公元前515年** 波斯皇帝大流士一世修建了一条从尼罗河通往红海的运河。
- **大约公元610年** 中国的大运河建成，它连接了长江和黄河。
- **大约950年** 中国工程师乔维岳发明了第一座运河水闸——"二斗门"。
- **大约1500年** 米兰的一条运河上出现了几座最早的现代水闸，其设计者可能是列奥纳多·达·芬奇。
- **1681年** 法国南部运河竣工，它包括一条长达525英尺的隧道。
- **1825年** 长达363英里的伊利运河开凿，旨在将哈德逊河与伊利湖连接。
- **1869年** 从地中海通向红海的苏伊士运河开工。
- **1914年** 巴拿马运河建成。
- **1959年** 圣劳伦斯海上航道开通，将五大湖与大西洋相连接。

工程学家养成计划

积水和水位

两道水闸之间容纳或"**拦蓄**"的**水域**被称为"**积滞水**""**河段**"或"**水位**"。顶部积水是**运河最高点**的平坦水域，这部分积水需要经"**特殊安排**"，以确保水位始终保持**高位注满状态**。槽部积水是位置最低的水域。闸段积水是**两道水闸之间相对较短**的水域。

拦蓄水闸

14世纪左右，拦蓄水闸在欧洲问世。这种水闸的两道闸门之间有一个厢形室，即闸室，其功能与气闸舱类似。如果下闸首开启，则闸室中的水将与下游水位齐平。一旦船只进入闸室，便将闸门关闭，让水从上游进入闸室。直到闸室中的水升至上游水位后，上闸首才能开启。

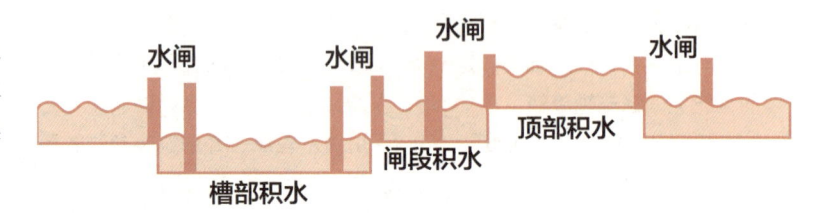

水闸的类型

水闸有六种类型：

单厢式水闸：仅有一个闸室，其两端各有一个**闸门**。

宽厢式水闸：有一个宽阔的闸室，该闸室**可同时容纳两艘船**，船只能"擦肩而过"。

双厢式水闸：并排设置两个单厢式水闸。

阻水闸：可彻底阻断运河的**水流**，以防止互为竞争对手的运河公司彼此盗用水资源。

闸刀式水闸：拦水闸门可上下滑动打开而非转动打开，适用于**狭窄的空间**。

阶梯式水闸和梯段：由一系列**水闸**组成，能让运河**沿陡坡抬升**。**阶梯处**是**每道闸门与各侧闸室相连通的位置**，梯段是**各道水闸之间蓄有积水**的位置。

道 路

修筑道路也许是人类最早从事的土木工程活动之一。在城市或文明尚未发展成形之前，由史前人类铺设的道路就已不在少数。

- 大约公元前5000年 在新石器时代的欧洲，山脊路被广泛应用。
- 公元前4000年 乌尔石路。
- 公元前4000年 在英格兰的格拉斯顿伯里，人们将原木横向铺放，修建木排路。
- 公元前4000年 在印度河谷的摩亨佐达罗城，人们将陶器捣碎用于铺路。
- 大约公元前2600年 最早的铺装道路出现在埃及。
- 大约公元前600年 人们建造了笛尔各斯路，这是一条横跨科林斯峡湾，被用于运货甚至拖带船只的石路。
- 大约公元前500年 波斯人建造了"皇家之路"。
- 公元前312年 古罗马最大的道路阿庇亚大道的第一段建成。
- 大约公元50年 克劳迪乌斯皇帝建成了一条从英国通往罗马的道路。
- 大约9世纪 哈里发国兴建了数条遍布伊斯兰领土的道路。
- 大约12世纪 中世纪的欧洲人开始兴建本土道路网。
- 15世纪 印加帝国的公路网发展成形。
- 1770年左右 法国工程师皮埃尔·玛利·杰罗姆·特拉萨盖特发明了一套科学的筑路系统。
- 1811年 约翰·麦克亚当首创"碎石铺路法"原理。
- 1848年 柏油碎石路开始投入使用。
- 1858年 法国在巴黎采用沥青筑路。

古罗马的道路建设

古罗马的道路至少有三个等级：用**夯土**修建的**土路**，将**砾石或石板**铺在夯土上修筑而成的**砂石路**，以及**最高等级**的**标准路**。标准路由**工程师和劳工**（通常是士兵）组成的施工队建造，施工队在预挖的**深沟**中**填塞**若干层不同规格的石头和砾石，再加盖**石板**将其修造而成。其中，石板**经过切割并被铺设成曲面**。此外，**路边还建有人行道**。

古罗马道路剖面图

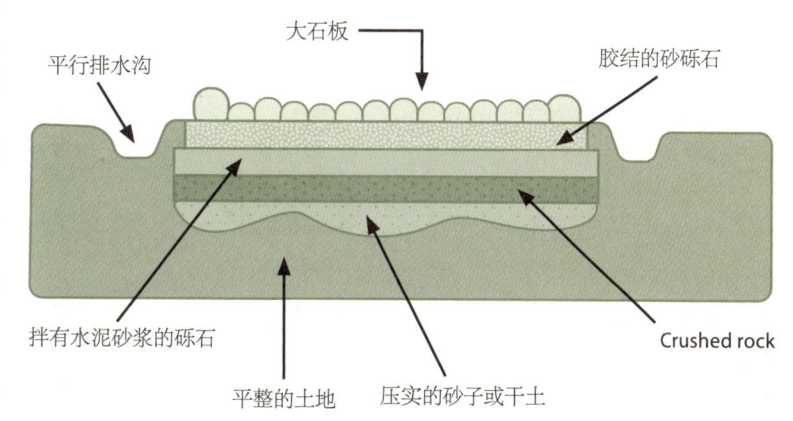

- 大石板
- 平行排水沟
- 胶结的砂砾石
- 拌有水泥砂浆的砾石
- 平整的土地
- 压实的砂子或干土
- Crushed rock

更好的道路

以**约翰·麦克亚当**（1756—1836）为代表的一批工程师率先推动了筑路技术的**进步**，进而**为道路运输行业带来了巨变**。1754年，人们从伦敦到爱丁堡需要花费10天；1832年，10天被**缩短**至42小时。

船　舶

人们能够成功建造出可在水上承载货物，在风浪中航行无阻的船只，工程学功不可没。

- 大约公元前80万年　直立人制造出木筏或独木舟，于是原始人类有了第一次海上航行。
- 大约公元前一万年　里海附近的史前岩画描绘了可供二十人乘坐的芦苇船。
- 大约公元前8000年　留存至今的最古老的船——佩斯独木舟出现。
- 大约公元前4000年　大型芦苇船开始于尼罗河上航行。
- 大约公元前3000年　金属工具的使用优化了板材制作技术，使人们能够建造更大和更复杂的船只。
- 大约公元前2500年　埃及人开始建造远洋木船。
- 大约公元前1550年　腓尼基人发明了桨帆船。
- 大约公元200年　中国人发明了平底帆船。
- 大约750年　维京海盗船出现。
- 大约1000年　波利尼西亚人乘坐边架艇独木舟移居到太平洋的岛屿。
- 大约1400年　葡萄牙人发明了轻型多桅帆船。
- 大约1500年　适合远洋航行的三桅大帆船问世。
- 1769年　早期纵帆船问世。
- 1774年　第一艘明轮船下水。
- 1802年　第一艘商用明轮船下水。
- 大约1830年　早期快速帆船出现。
- 1843年　"大不列颠号"下水，它是第一艘采用铁质船体的蒸汽轮船。
- 1859年　第一艘铁甲舰问世。
- 1886年　第一艘油轮问世。
- 1906年　"无畏号"战列舰下水，"无畏舰时代"就此开端。
- 1918年　第一艘航空母舰下水。
- 1951年　第一艘专门订制的集装箱船问世。
- 1955年　第一艘气垫船问世。

快帆船和鱼鳞式木壳船

在古代，地中海地区与北欧地区的船只，存在两个重要的区别特征：

地中海地区的人们采用平镶法造船，即把木板边对边平铺，并对接到一起，以赋予船舷光滑平顺的造型。北欧人的船只则采用"鱼鳞"搭接法建造，即将木板以交叠方式拼接成船体，使其能够应对较为恶劣的海况。

地中海船只的船首和船尾截然不同，而北欧船只的首尾两端有着相似的侧面轮廓。因此，后者可以随风向的改变朝任一方向航行。

集装箱船

集装箱船可装载标准化箱体，即集装箱。集装箱的用途在于方便将货物装卸、转移至公路和铁路运输工具。船舶的运力越大，其运输成本越低廉。尤其在当今时代，即便在最大的船舶上，也可以用机器来代替人工，从而使船员人数降至最低限度。因此，集装箱船也被修造得越来越大。

油轮

油轮本质上就是将一个或一连串油箱封装在船形壳体内，并在船体一端附带发动机的运输船。油轮的上层结构（如舰桥）与船员人数都要尽可能地精减。

潜水艇

自亚里士多德时代以来，造出能够在水下航行并且长时间停留的船只，一直是人类的一个梦想。相传，亚历山大大帝曾经使用过某种潜水工具，这个故事激励着人们不断尝试进行潜水艇的发明创造。

- **大约公元前330年** 亚里士多德对简易的潜水钟进行了记载。
- **公元1500年** 列奥纳多·达·芬奇绘制了"下沉式航船"的潜水器草图。
- **1578年** 英国数学家、客栈老板威廉·伯恩设计了一种潜水装置。
- **1620年** 荷兰发明家科内利斯·德雷贝尔展示了一艘潜水划艇。
- **1864年** 美国南方邦联军的"汉利号"潜艇击沉一艘敌舰。
- **1898年** 西蒙·莱克设计的"阿尔戈英雄号"（或"舡鱼号"）成了第一艘在公海航行的潜水艇。
- **1954年** 第一艘核动力潜艇，美国海军"鹦鹉螺号"入役。
- **2012年** 詹姆斯·卡梅隆设计的"深海挑战者号"潜水器成功下潜至马里亚纳斯海沟的底部。

潜水器与潜水艇

真正的潜艇可以**完全不依赖水面提供的支持**，只需要定期浮出水面补充燃料。其实，那些历史范例中的"潜艇"大多都是**潜水器**，即依靠通向水面的连接装置获得**空气、电力**等补给的船只。

浮力原理

浮力是潜水艇设计的关键原理：只有当某个物体的**重量超过排出的水的重量时**，它才会下沉。潜水艇的**浮潜**取决于它对自身的浮力的控制。因此，潜水艇需要借助某种方法来**改变自身的重量**或**体积**。

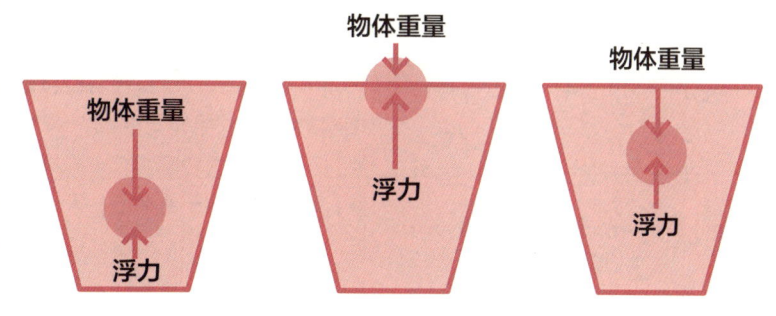

德雷贝尔潜艇

荷兰发明家科内利斯·德雷贝尔设计了一种经常被赞为"**第一艘潜艇**"的奇特装置。但实际上，它只能勉强算作一个潜水器。这是一艘**遮盖式划艇**，其船头呈一定倾角，据说它可以在前进过程中潜入水中。

潜水钟的工作原理

潜水钟之所以能够在水下工作，是因为其利用了**空气无法从倒扣容器中逃逸**的原理。由于没有**空气供应**，早期使用潜水钟的人不得不面对许多问题，包括**氧气耗尽**和**二氧化碳、热量及湿气的积聚**。不仅如此，**潜水越深，潜水钟就会变得越重**。这是因为，根据**波义耳定律**，水压可将潜水钟内部的空气压缩，**浮力**便会随着空气体积的减小而降低。

汽 船

18世纪末期之前，蒸汽机大多巨大而笨重，且仅限于采矿业使用。直到詹姆斯·瓦特发明新型蒸汽机，这一局面才得到了改变。那么，轮机工程师能否借此机会大显身手？

- **1783年** 儒弗瓦·达邦侯爵建造了第一艘汽船——"火船"。
- **1790年** 约翰·菲奇开创了美国最早的汽船航运服务。
- **1801年** 苏格兰工程师威廉·赛明顿开发出一种蒸汽机，并将其用于驱动一艘小型内河船"夏洛特·邓达斯号"。
- **1815年** 世界第一艘蒸汽动力军舰"德莫罗格斯号"下水。
- **1819年** 配备蒸汽机和明轮的"萨凡纳号"成了首艘成功横渡大西洋的蒸汽机帆船。
- **1840年** 第一艘采用螺旋桨的轮船"大不列颠号"投入建造。
- **1860年** "大东方号"在其建成后的47年中，一直是世界上最大的客轮。
- **1884年** 船用汽轮机发明成功。

明轮 vs 螺旋桨

尽管**明轮存在种种缺点**，但船舶采用**由蒸汽机驱动的明轮**的历史，已有近40年。明轮的一个突出弱点在于，当船只在汹涌的海面上航行时，它们可能会**被水浸没**或被**抬离水面**，从而**损害蒸汽机**。伊桑巴德·金德姆·布鲁内尔（1806—1859）为**"大不列颠"号蒸汽船设**计的**螺旋桨**，解决了这一问题。

蒸汽划桨船

美国工程师**约翰·菲奇**（1743—1798）发明了一种可**替代明轮和螺旋桨的装置**。他设计的第一艘汽船**"坚毅号"**的船舷装有**一排排划桨**，它们被**固定于曲柄上**，人们可以像划独木舟一样驱动船只前行。后来，他采用了**后置桨叶**，其**工作方式类似于鸭掌**。

轮机工程师

汽船航运的发展使**工程师的职业**又出现了一个可取代传统水手的**新类别——轮机工程师**。轮机工程师的工作职责是**维护引擎**和**添加燃料**，而他们并不需要负责**风帆**和**绳索**方面的工作。

三胀式蒸汽机

三胀式蒸汽机可以让蒸汽在最终冷凝之前，进行三次膨胀做功，从而驱动活塞的往复运动。自这种蒸汽机于1870年问世后，**汽船航运的经济性、速度和规模与从前相比**，均**不可同日而语**。随着蒸汽涡轮机（蒸汽驱动形似螺旋桨的涡轮机旋转）的引入，汽船的**效率和动力**都得到了**进一步提升**。

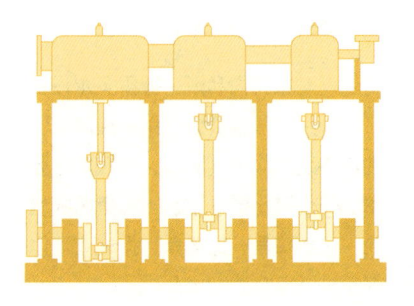

机 车

早在机车引擎出现之前，铁路就已存在。而由工程先驱们发明的蒸汽机技术，则赋予了它们全新的可能。

- **1801年** 由英国康沃尔郡的工程师理查德·特雷维西克设计的"吹气的调皮鬼号"机车载着6名乘客驶过坎伯恩城镇的主街，几天后，机车的几个操作工忙里偷闲，溜进酒吧喝酒，却没将锅炉关闭，导致蒸汽机由于烧干过热而损坏。

- **1804年** 在梅瑟蒂德菲尔城的潘尼达伦铁厂，由特雷维西克设计的蒸汽机车拉着十吨铁和七十位乘客，以平均5英里的时速，沿轨道行驶了近10英里，这是蒸汽机首次成功地被应用在铁路机车上。

- **1812年** 利兹附近的米德尔顿铁路公司定期使用蒸汽机车运送货物。

- **1813年** 由威廉·赫德利设计的"吹气的比利号"蒸汽机车在怀勒姆煤矿被投入使用，在此后五十年中，它一直被用作煤车的牵引车。

- **1814年** 乔治·斯蒂芬森（1781—1848）设计出他的第一台蒸汽机车——"布吕歇尔号"，然后将其用于基林沃思煤矿的煤炭运输工作。

- **1825年** 世界上第一条公共客货铁路，即斯托克顿至达林顿的铁路开通后，斯蒂芬森设计的蒸汽机车"机车一号"拉着一节名为"实验"的车厢行驶而过，机车前方有一个骑马男子负责开道，他手持一面书写着拉丁文"Periculum privatum utilitas publica（个人的风险有益于公众）"的旗子。

走路，不要跑步

乔治·史蒂芬森设计的"机车一号"沿着从**斯托克顿至达灵顿的铁路**，完成了首次试车。其**平均时速**可达8英里，而正常**人奔跑的平均时速**为10~15英里。

蒸汽机车现场表演

特雷维西克为了宣传他设计的蒸汽机车，特意在**伦敦托灵顿广场**举办了一场**机车现场表演**。他在广场上铺设了一条**环形轨道**，以供他设计的**"谁能追上我号"**机车（见下图）在上面绕圈行驶，进行展示。

交通运输

斯蒂芬森的"火箭号"

在所有的早期蒸汽机车中,最著名的当属斯蒂芬森设计的"火箭号"。它开启了通往全新速度世界的大门,而这要得益于两项工程创新——多管式锅炉和直接驱动技术。

在"雨山试车选拔赛"中,斯蒂芬森的"火箭号"在行驶中达到了30英里的最高时速。

"雨山试车选拔赛"

乔治·斯蒂芬森设计的机车已在**斯托克顿至达灵顿铁路**上运货数年,但人们认为**有必要选用一种新型机车来提供客运服务**。1829年,铁路方面在**雨山**进行了一次试车选拔赛,旨在从参与竞争的设计方案中选出最优者。结果,**乔治和他儿子罗伯特设计的"火箭号"拔得头筹**。

更好的锅炉制热技术

"火箭"号之所以比其他机车更快,是因为它可以**产生更多的蒸汽动力**,而这要归功于其**创新的锅炉设计**。此前,蒸汽机锅炉大多使用**一到两根宽铁管或烟道**,将燃烧室产生的热气通过锅炉水传导出去,并将水加热成蒸汽。"火箭号"使用了**25根窄铜管**(将宽度从12英寸改为2英寸),大大增加了锅炉的受热面积和**传热**速率。

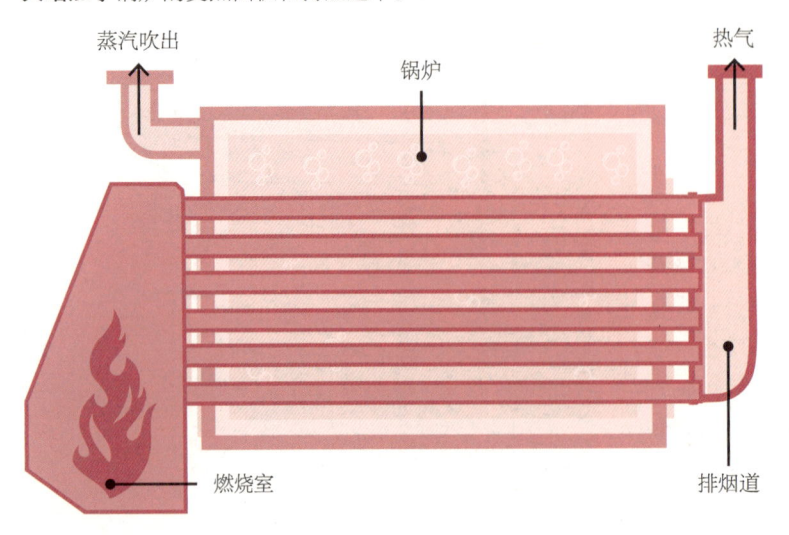

直接驱动技术

较早期的蒸汽机车采用的是与**矿场和磨粉厂**类似的**摆梁蒸汽机**。摆梁蒸汽机的气缸为垂直式布局,由活塞驱动一根水平梁使其上下摆动。斯蒂芬森的"火箭号"的气缸为倾斜式,气缸可**直接驱动车轮**。此后,**直接驱动技术成为了机车的标准配置**,而倾斜式**气缸最终演变为卧式气缸**以确保机车的平稳行驶。

四轮不错,六轮更好

"火箭号"和在它之前出现的所有其他蒸汽机车,都存在着共同的**设计缺陷**:因为它们只有**四个轮子**,所以即便在**中速行驶中**,它们也会**发生纵摇**或**飘摆**;此外,随着蒸汽机**重量的增加,车轮承受的载荷也越来越大**。为解决这两个问题,**斯蒂芬森父子**于1833年设计出了第一台六轮蒸汽机车——**"专利权人号"**。

公交车

大型马车或四轮马车曾被普遍用于私人出行和城际旅行。直到19世纪20年代，经特殊设计的新型四轮马拉车才被引入城市公共交通中。

- **1662年** 巴黎公共马车运输实验以失败告终。
- **1816年** 纽约曼哈顿和布鲁克林之间开通了短途公共马车客运服务。
- **1826年** 斯坦尼斯拉斯·博德瑞在法国南特启用了首辆提供公交运输服务的马车，并为其创造了"公交车"这一名称。
- **1829年** 乔治·史利比尔在伦敦将第一辆公交车投入服务。
- **1830年** 纽约引入公交车服务。
- **1847年** 第一辆双层巴士问世。
- **1851年** 伦敦世界博览会的举办促进了大众对公交客车服务的需求，同年，"磨刀板"座位被采用。
- **1914年** 伦敦最后一部公共马车被投入服务。
- **1956年** 伦敦"路霸"双层客车被投入使用。

我为人人

英文中"公交车（omnibus）"一词的原意是"为了所有人"。城市道路公用马车的通用名称由法国人斯坦尼斯拉斯·博德瑞（1777—1830）命名，他是**最早成功开展公共马车业务**的人。博德瑞将他设计的马车叫作"omnibus"，因为这是一项**人人都能享有的服务**。

公共马车座

马车必须尽可能地**提高载客量**，但又不能严重降低**乘坐品质**。标准公共马车的客车厢配备了可容纳十二个人的**朝前座椅**及**通往车顶的梯子**。车顶被用作无遮盖的**上层车厢**，其中布置了可供五人背靠背乘坐的长凳（俗称"**磨刀板**"）。另外，司机旁边的座位还能额外容纳两个人乘坐。在将**梯子换成楼梯**后，女乘客便可以**到上层车厢**就座。

"开门政策"

"路霸"双层客车还利用一种简单巧妙的策略，**提高了运行效率**并**减少了停站次数**。**开放式车尾平台**的采用，使乘客可以在客车行驶速度较慢时，于任意地点上下车。

"路霸"双层巴士的革新

公共汽车中名气最大的，当属"**路霸**"。这款**双层客车**是在"二战"后的几年里为**伦敦**市场设计制造的，并于**1956**年被投入使用。当时，工程师的任务是在**不牺牲载客量**的前提下，生产一种**更轻便的**客车，从而提高**燃料效率**。"路霸"采用了**战时飞机生产部门**开发的轻质**铝结构**，因此其**重量**得以**大大降低**。它也是**最早配备独立前悬架、动力转向系统、全自动变速箱和动力液压制动系统的公共汽车**。

伊桑巴德·金德姆·布鲁内尔

工程师马克·布鲁内尔之子伊桑巴德·金德姆·布鲁内尔（1806—1859）是有史以来最负盛名的工程师之一，他在桥梁、铁路和汽船工程领域都颇有建树。

"湿活儿"

1825年，伊桑巴德接了**第一份"活儿"**：监督**泰晤士河隧道**的挖掘作业。该工程采用的，正是他父亲发明的**隧道盾构技术**。1828年，他在一次**隧道透水**事故中，**险些被淹死**。

铁壳船

1843年，伊桑巴德设计的"**大不列颠号**"下水。与"**大西方号**"一样，它是一艘**铁壳轮船**，建成后便成了**当时最大的轮船**。"大不列颠"号**率先使用螺旋桨替代明轮**，它的服役时间长达数十年。

克里夫顿悬索桥

伊桑巴德凭借他提交的方案，赢得了桥梁设计大赛，方案设计了一座横跨**布里斯托尔克利夫顿峡谷**的桥梁。这座桥的建设于1831年开工，但直到1864年它才得以建成开通。时至今日，它仍是一座具有标志性意义的建筑。

向西行

1833年，伊桑巴德受命在**伦敦和布里斯托尔之间修建新的铁路线——大西方铁路**。他不仅亲自勘测线路，监督长达118英里的轨道的铺设工作，还设计了**铁轨、隧道、桥梁、车站、信号**甚至车站的灯柱。

向西再向西

1835年，伊桑巴德提议，"**大西线**"不应被大海阻隔，而应**继续穿越大西洋**。他接受委托，**建造了第一艘仅仅依靠蒸汽动力便能横跨大西洋的轮船**。当时，有种意见认为，船上必须装满煤才能完成跨大西洋航行。但1838年下水的"**大西方号**"证明，这种想法是错误的。

巨人巨制

伊桑巴德的"**绝唱**"，是一艘巨轮，其重量几乎相当于"大不列颠号"的十倍。"**大东方号**"的设计出发点是：要让船能够携带**足够的煤**，使其能够到达澳大利亚。其富于创新的**双层铁质壳体**，后来成了**轮船的标准配置**。然而，这个造船**项目麻烦缠身**、命途多舛。1858年，就在"大东方号"**首航的前两天**，伊桑巴德因**中风去世**。

自行车

　　自行车是依靠骑手人力驱动的两轮车，堪称工程学的一座高峰。自19世纪80年代问世以来，自行车的基本设计几乎没有发生过改变。

- **大约1790年** 第一辆木马式两轮车问世。
- **1817年** "丹迪马"或"疾步者"可操纵自行车问世。
- **1839年** 第一辆脚踏自行车诞生。
- **1861年** 前轮装有踏板的"颠骨头"脚踏车诞生。
- **1871年** "大前轮"脚踏车面世。
- **1873年** 发明链条传动技术。
- **1885年** 现代安全型自行车问世。

铺平道路

　　自行车工程与制造，为汽车的崛起铺平了道路。自行车制造商开创了包括**流水线**在内的技术，并率先引入了**计划报废**和**营销激励**手段。各种**自行车运动组织**促成了**高质量道路**的建设和**法规**的出台（如限速，交通管制等），从而**为汽车使用量的增加创造了条件**。

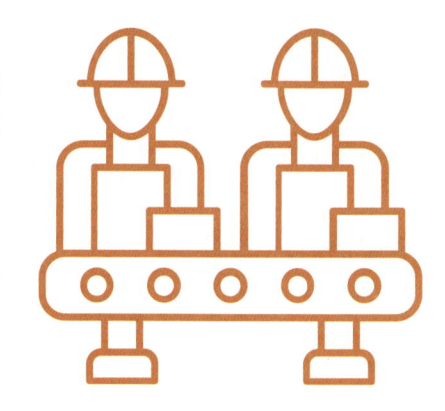

黄金时代

　　安全型自行车配备了传动链条、刹车、充气轮胎和滚珠轴承等组件，不仅**速度比马和马车快**，骑行起来还十分舒适安全。由此，美国进入了**"自行车的黄金时代"**。1887年，美国道路上约有10万辆自行车。而到了1896年，已超过400万辆。

自行车病

　　人们注意到"骑行热"也带来了一些风险。从**健康**层面来讲，骑车容易造成**驼背**和**痉挛抽搐**。

交通运输

电 梯

安全电梯是一项巧妙的救生发明，而它也对建筑、城市生活和房地产价值产生了深远影响。

下坠

英国和美国分别于19世纪30年代和40年代**引入了客用电梯**。但当时的电梯绳索采用的是**麻绳**，经常由于**麻绳断裂**而引发**致命事故**。

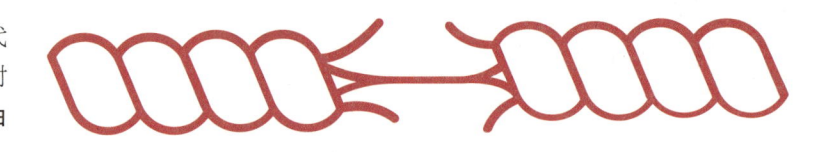

奥的斯出手解围

1852年，工程师**伊莱沙·奥的斯**（1811—1861）负责为一家工厂进行整修，他注意到工人总绕着**施工升降机**走。于是，他下决心要提高升降机的安全性，不久后**安全电梯**便应运而生。

反转

电梯的出现立刻**使高层建筑的价值格局发生了反转**。在电梯出现之前，建筑物**顶部的房间**是**最便宜**的，因为那里**最难以到达**。在电梯出现之后，远离**街道气味和噪声**的顶层房间，反而**成了价格最贵**的。

棘爪承载机构

奥的斯所做的基本创新是，将**锯条状的棘齿导轨**沿着**电梯井**的各个侧面布置。电梯上的**棘爪**只有在牵引力作用下，才会**自动与棘轮啮合**。一旦**牵引力失效**，如当**电梯的牵引绳断裂**时，**棘爪便会弹向一边并卡住棘齿**，从而**迫使电梯停止**。

高亦可攀

伊莱沙·奥的斯于1861年去世，年仅49岁。他的**儿子们**继承了他的衣钵并将生意越做越大，将**奥的斯电梯**安装到**埃菲尔铁塔**（1889年）、**华盛顿纪念碑**（1890年）和当时**世界上最高的建筑**——**伍尔沃斯大厦**（1913年）。

工程学家养成计划

电气化铁路

维尔纳·西门子创造的电机发电技术，使电力有了全新的用武之地，这其中就包括运输业。

清洁需求

19世纪中叶，现有的**马力和蒸汽动力技术**无法充分满足**日益增长的城市交通需求**。**前者的力量不够强大**，而**后者会污染城市环境且机器十分笨重**。**电动机**具备提供人们**所需的清洁、可扩张的动力**的潜质，但前提是，它要有足够的可用功率。

电气试验

电动机用于交通运输试验的历史至少可以追溯到1835年。当时，美国的一位铁匠**托马斯·达文波特**展示了一种**小型电动列车**。尽管**铁轨输电**技术已在1840年获得专利，但那时**电源供应匮乏，电池功率也不"给力"**。

电气帝国

在此次展示获得成功之后，西门子于1881年在**柏林**建造了**首条有轨电车**。接下来，他又成功设计出了**第一辆无轨电车、矿山电力机车和地铁**（建于布达佩斯）。

转圈兜风

1866年，这一情况随着**维尔纳·西门子**发明出**自励式发电机**而改变。为了给这项技术寻求新的用途，西门子特意为**1879年柏林工业博览会**设计了一台可供**演示的电气列车**。这辆**电动小火车**设有长凳式座椅，可载运**十八名乘客**，并沿着大约1000英尺长的圆形轨道来回行驶。**蒸汽发电机**产生的**电力**可通过**铁轨输送给列车**。这辆小火车在四个月内搭载了86000多名乘客。

内燃机

最初的内燃发动机以煤气为燃料，而在将燃料替换为汽油后，内燃机便迅速成了世界上使用最为广泛的发动机。

流行还是落伍

"内燃机"这一名称源于**燃料在发动机内部燃烧**的特点。而与之相反的是，蒸汽机又被叫作**"外燃机"**，这是因为**燃料在与发动机分离的锅炉中燃烧**。

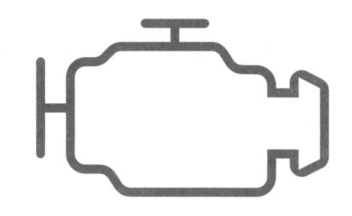

奥托发动机

1876年，德国工程师**尼古拉斯·奥托（1832—1891）**发明了**第一台能够运转的内燃机**。这是一种以**煤气**为燃料的**四冲程发动机**。

四冲程循环

奥托发动机的**气缸**完成一次工作循环须经过四个行程，**每个行程会伴随一次活塞往复运动**。在每个行程中，**燃气**进出气缸的**流量**要借助阀门来控制。

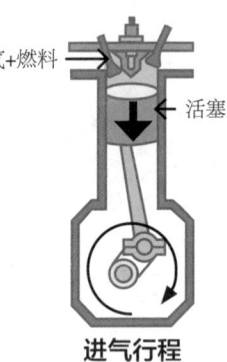

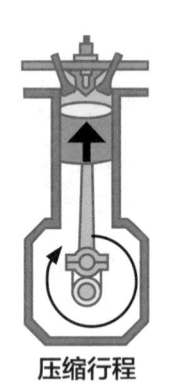

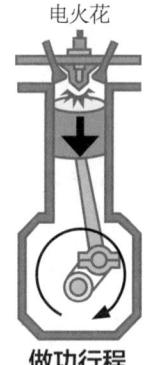

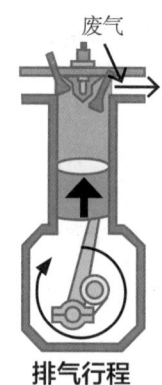

进气行程　　压缩行程　　做功行程　　排气行程

二冲程循环

在**二冲程发动机**中，**活塞充当了进气口**或**排气口**的**切断阀**，发动机的结构因此得以简化。

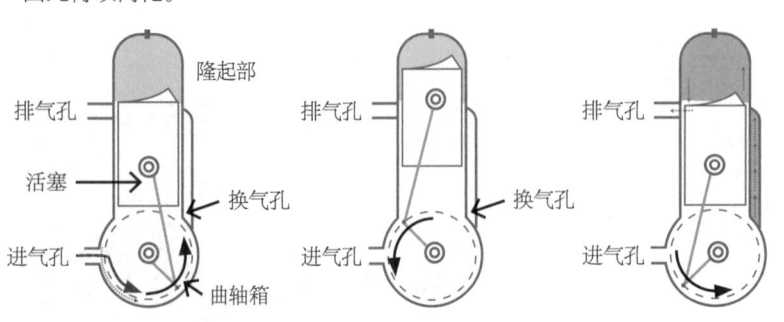

石油繁荣

19世纪末，石油工业发展迅猛，**化油器**的发明可谓正逢其时。自此，**内燃机**便开始**将汽油作为燃料**。

汽 车

无论是自驱动的公路车或无马马车，还是汽车等机动车辆，它们都只有在发动机技术达到一定水平时，才可能成为商业现实。

- **大约1770年** 法国发明家尼古拉斯·约瑟夫·古诺制造了第一辆能够运转的蒸汽动力汽车。

- **1807年** 瑞士发明家弗朗索瓦·艾萨克·德·里瓦兹制造了第一辆装配了内燃机的汽车。

- **1832年** 第一辆电动汽车问世。

- **1876年** 尼古拉斯·奥托发明了由蒸汽驱动的内燃机。

- **1879年** 德国工程师卡尔·本茨取得了汽油内燃机的专利。

- **1885年** 奔驰公司的"专利一号"——一款三轮式汽车，成了第一辆具有实用价值的汽车。

- **1886年** 戈特利布·戴姆勒制造了第一辆四轮汽车。

- **1896年** 鲁道夫·狄赛尔设计出了柴油发动机。

车体构造

自**汽车**被发明以来，车体的基本构造就未曾发生过改变，基本包括：连接**发动机**或动力总成的**底盘**，将发动机动力传递给**车轮**的**传动系统**，以及**悬架**、**转向**和**制动**系统。

奔驰"专利一号车"

1879年，卡尔·本茨打造出一款**单缸二冲程固定式内燃机**，并取得了商业上的成功，这为他开发**"专利一号"**（在德国被称为**"奔驰一号"**）提供了资金。在该车后部安装了一台卧式紧凑型高速单缸四冲程发动机，并借鉴了一些当代自行车的工程学特点，如**钢管框架和钢丝辐条轮毂**。但其发动机的**输出功率**仅为0.75马力（0.55千瓦）。

福特和流水线

亨利·福特（1863—1947）是一位颇具成就的汽车设计师。他于1903年成立了自己的公司，并在1908年推出T型车。1913年，他发明了流水线技术，这一技术为汽车工业以及其他大多数行业带来了革命性的影响。

T型车

福特倾尽毕生经验，只为打造一款**适合普罗大众的汽车**。而他在1908年设计的T型车，堪称其登峰造极之作。凭借**坚固的底盘**、**较高的轮隙**和简洁的设计，它可以应对**恶劣的路况**，且便于**车主修理**。但是，这款车的**价格十分高昂**。

高地公园工厂

福特在**密歇根州**的**高地公园**建造了一座大型工厂，并将多项创新技术融入其中。他借鉴了**屠宰场**的**流水线**，把生产所需的零部件悬挂在穿行于各工位之间的移动**链条**上。而工厂中的**传送带**和**滑轨**，则是他从**粮仓**和**面粉厂**借鉴而来的。

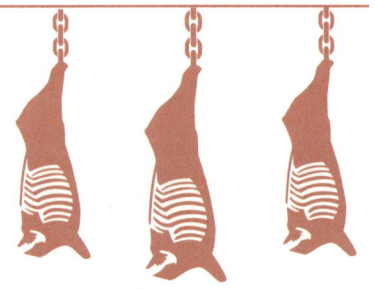

工序与零部件

福特遵循**泰勒科学管理**原则，将T型车的制造分为**84道工序**，并确保**所有零部件**的质量标准化，使其能够互换。底盘沿流水线在各个**专业化**的工位之间流转，提高了**生产效率**和**生产质量**。

更快更便宜

制造一辆T型车所需的时间，从12小时缩短至93分钟。1914年，福特公司生产了308162辆汽车，**比其他所有汽车制造商的产量总和还多**。T型车的价格从1908年的850美元**降至**1916年的316美元，1924年时更是降至260美元（以现代价格计算，相当于从21000美元降至3500美元）。

气垫船

20世纪50年代，英国工程师克里斯托弗·科克里尔发明了一种利用气垫减小摩擦的新型载具。

畅行无阻

第二次世界大战期间，科克里尔为**雷达**的研发贡献了一臂之力。退役后，他负责管理一座码头。在那里，他开始思考如何通过减小摩擦来**提高船只的水上航行效率**。摩擦力的存在，对任何在地面行驶或水面航行的交通工具而言，都构成了阻碍。

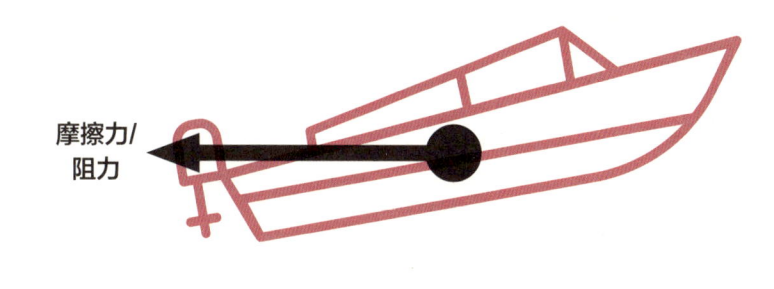

锡罐原理

利用气垫减小摩擦的创意，最初是由维多利亚时代的工程师**约翰·桑尼克罗夫特爵士**于19世纪70年代提出的。最终，这一创意在科克里尔的脑海中成形。当时，桑尼克罗夫特爵士做了一个实验：**将一个盛放猫食的锡罐放在咖啡罐里**，当他对着这两个罐子吹气时，咖啡罐里的锡罐便可以漂浮起来。

横渡海峡

在英国政府机构的帮助下，科克里尔于1959年研制出**第一艘气垫船**。该船下水几周后，成功地**横渡了英国和法国之间的英吉利海峡**。

工作原理

气垫船使用**强力风扇**将空气吹到船体下方，船体四周通常装有**橡胶或织物"围裙"**，以容纳压缩空气。气垫可减少摩擦并**将船体抬起**，使其**免受海浪或起伏地面的影响**，从而使船体在向前行驶时更加轻松（借助横向气流）。

水陆双栖

气垫船非常适合**水陆两用**，只要介质表面相对水平，它们就能**在陆地、沼泽、泥沼和水上恣意畅行**。因此，气垫船特别受到军方和那些常常需要穿行于水陆交错环境（如佛罗里达州大沼泽地）的人们的欢迎。

交通运输

自动驾驶汽车

设计未来汽车，需要对一系列技术加以整合。

挑战

自动驾驶汽车的应用面临着四个主要挑战：

环境感知——了解周围情况。

路径规划——确定一条通过环境的路径。

汽车控制——控制汽车的各项功能。

导航——标明从甲地到乙地的路线。

传感器

车辆的**环境感知**功能可借助一系列现有**传感技术**实现，如**红外传感器**和**超声波**传感器，**雷达**和**激光雷达**（**激光测距**）。有些系统还可借助**摄像头**进行**视觉识别**。还有一项被称为"V2X"的新兴技术，即"**车辆连接一切**"**通信技术**。采用这种技术的车辆，可以通过**无线通信**从其他车辆、**智能街道设施**（如路标）等来源**获取信息**。

智能汽车

只有装备了**车载系统**和**基于云端**的**数据处理**系统，并有伴随**深度学习**能力的先进**人工智能**技术的加持，车辆才有可能处理与**环境**、**位置**和**导航**相关的所有数据，并以此为依据，进行**车辆控制决策**。

汽车"智商"

自动驾驶可分为以下几个级别：

级别	判断标准
人工驾驶（0级）	完全由驾驶员操控车辆
特定功能辅助驾驶（1级）	汽车的个别控制功能实现了自动化，如电子稳定性控制、自动制动
组合功能辅助驾驶（2级）	至少有两个控制功能可同步自动化，如自适应巡航控制与车道保持辅助系统的配合
有限无人驾驶（3级）	特定条件下，驾驶员可完全放弃对所有安全功能的控制，车辆可以自行判断何时需要驾驶员重新进行控制，并为驾驶员提供"确保其自如转换的时间"
完全无人驾驶（4级）	车辆在整个行驶过程中可独立执行所有安全功能，控制从起步到停车（包括泊车功能在内）的各项功能，无须驾驶员控制

眼镜和镜片

早在进化之初，人类便受到了视力障碍的困扰。但是，直到中世纪，随着光学工程技术的发展和应用，人们才有了进行视力矫正的机会。

- **大约1000年** 阿拉伯学者和天文学家伊本·海丹提出，成形透镜可以矫正视力障碍。

- **大约1000年** 在波罗的海哥得兰岛上，一位透镜制造师研磨出了可用作"阅读石"的高倍镜。

- **1266年** 英国僧侣罗吉尔·培根阐明了矫正镜片的科学原理。

- **大约1280年** 威尼斯的玻璃制造者把两个镜片一起装在镜框中，制作出了第一副眼镜。

- **大约1720年** 最早的镜腿式（耳套圈式）眼镜在伦敦制成。

- **1784年** 本杰明·富兰克林发明双光镜片。

折射

镜片的作用在于，它们能**折射光线**，即**改变光**的**传播路线**。当光从一种介**质进入另一种介质**（如从空气进入玻璃）时，便会发生折射，因为光的**速度发生了改变**。不妨打个比方以便于理解：当一根轴上的轮子从光滑地面进入粗糙地面时，第一个碰到粗糙地面的轮子会减速，于是整条车轴便会稍微转向这一侧。

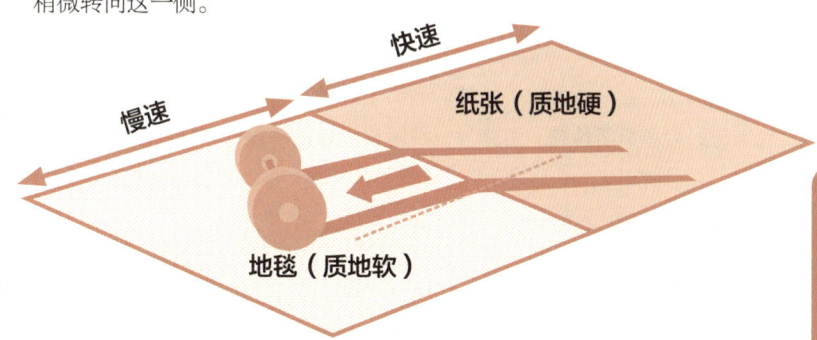

快速　纸张（质地硬）
慢速　地毯（质地软）

近视与远视

人眼拥有**天然**的"**透镜**"，即晶状体，它可以将光线**聚焦在视网膜上**。但晶状体可能会出现缺陷，导致焦点落到视网膜的前方（**近视**）或后方（**远视**）。镜片可以通过**改变光线的焦点**，来矫正这种缺陷。

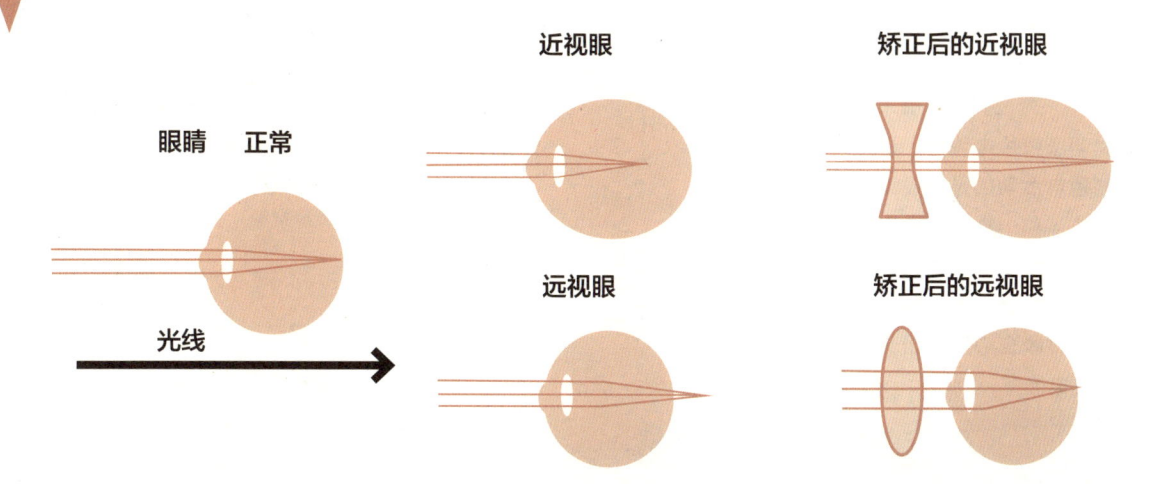

眼睛　正常
光线

近视眼　　矫正后的近视眼

远视眼　　矫正后的远视眼

生物工程

心 电 图

心电图的发明是医学技术的重大进步，也是电气工程在医学领域成功应用的标志。

解剖学

19世纪的医师对于人体运作机理，有了更进一步的认识。通过**解剖活体动物和人类遗体**，人们将这种认识被提高到了新的层次。

心灵的窗户

医生们迫切需要一项技术，让他们能够了解**健在患者**的身体内部情况。听音装置，如**单筒听诊器**，可作为**一种听诊心音的手段**，但医生们并不满足于此。

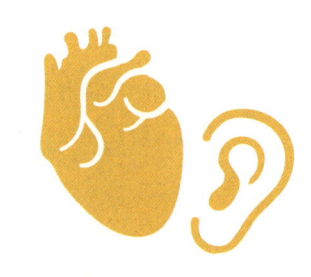

寻踪觅迹

一款心音描记仪于1860年问世，并成功记录下了**心脏脉搏**，它可利用**声音振动在熏烟纸上形成划痕**。1887年，**奥古斯都·沃勒**成了记录心脏电活动的第一人，但他使用的装置原始而简易。

"洞"人心弦

1903年，荷兰医生**威廉·埃因托芬**发明了**弦线电流计**。这是一种可**测量电活动**的灵敏设备，由两个电磁体和一根悬在电磁体之间的金属导线组成。使用时，将金属导线连接到人的胳膊和腿上，便可以**接收自心脏发出**、经皮肤传播**的电信号**。

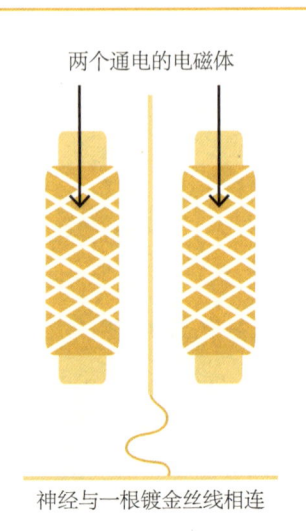

两个通电的电磁体

神经与一根镀金丝线相连

心跳的解析

埃因托芬成功地让他的仪器在纸上生成了**连贯一致且适于记录的标准化描记图——心电图**。他甚至更进一步，将心电波细分为几个主要部分，分别被标记为P、Q、R、S、T、U。P波是与**心房收缩**有关的电波，而其他波则与**心室收缩**有关。

"铁肺"（人工呼吸机）

脊髓灰质炎可导致患者窒息，甚至会使患者以十分痛苦的方式死去。幸亏，有工程学的鼎力相助。而最初的救命工具，却是一种利用基本科学原理制造出来的简易装置。

脊髓灰质炎

如今，脊髓灰质炎在西方世界几乎已被根除。这种病会导致包括胸肌在内的身体各部位**瘫痪**，使患者**呼吸受限**进而引起窒息。20世纪20年代，医院急切寻求能够尽量延长患者生命的方法，希望能使患者得到救治。

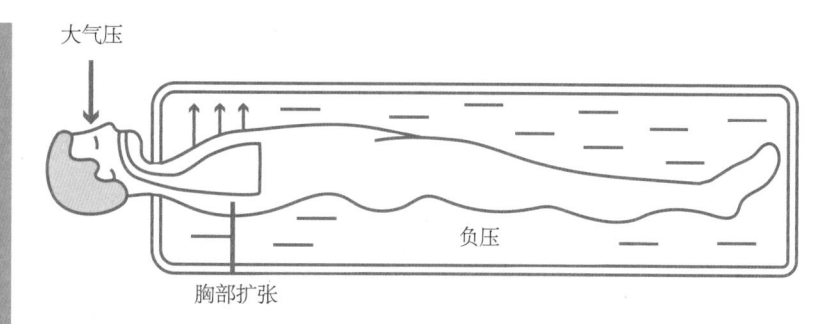

体外负压通气

人工呼吸器通过**体外负压通气**机制发挥作用。其工作原理为：将患者自颈部以下的身体密封在一个盒子中，并利用风箱将空气抽出，使盒子内部的压力降低，则盒子外部的**大气压力**会**迫使空气流入**肺部；再将空气吹回至盒中，使其内部的压力升高，患者的**肺**就会**被动收缩**，从而**呼出空气**。

箭毒猫咪

1927年，哈佛大学的**菲利普·德林克**和**路易斯·阿加西斯·肖**给一只猫注射了麻痹性毒药——箭毒，旨在通过实验证明他们可以借助**人工呼吸机械装置**或**呼吸器**使猫存活。该装置由一个密闭金属盒和一组气囊组成，**第一台"铁肺"**便是以此为基础设计的。

大盒子

最早的体外负压通气装置（又名"铁肺"）是一种附带机械风箱的巨型金属盒。后来，其他工程师在此设计的基础上进行了改进，从而使其更便于患者使用。他们甚至制作出了**重量更轻、成本更低且易于批量生产的胶合板"铁肺"**。

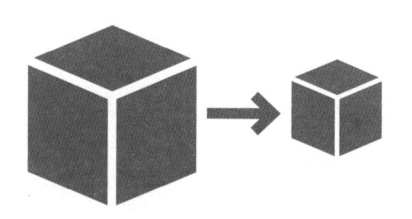

摇床

康复治疗可以帮助患者**锻炼胸部肌肉，使患者恢复自主呼吸**。摇床是一种简单而有效的工具。它可以让**患者身体前倾**，使内脏器官向下移动，从而有助于患者将**空气吸入肺部**，若再让患者身体后倾，则可以起到相反的作用。

人工心脏瓣膜

人工假体与人类文明一样古老。但若要将人体最勤劳的器官上出力最大的"零件"替换掉，那必定是一项令人叹为观止的生物工程壮举。

心脏瓣膜

心脏就是由**四个腔室**组成的生物泵，其作用是从肺部**吸入含氧血**，将其**泵至**身体其他各部位，再**接收回血**并将其输**送至肺部**，从而开始新一轮循环。心脏依靠四个腔室之间的瓣膜，来确保血液**流向**的正确。

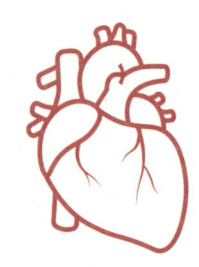

瓣膜缺陷

瓣膜缺陷可能会导致**泄漏**，从而危及**心脏的完整性**和心脏对身体其他各部位的**血液供应**。心脏外科医师迫切地希望能帮助患者将有缺陷的瓣膜替换。

球笼瓣

1952年，在经过了一系列**动物实验**后，位于华盛顿特区的乔治敦大学医学中心的实验外科教授**查尔斯·胡夫纳格尔博士**，在一个患有**主动脉瓣疾病**的患者体内植入了**人造球笼瓣膜**。

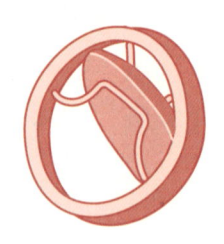

侧倾碟瓣

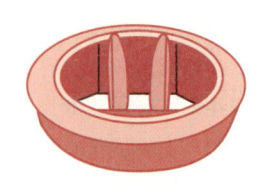

此次手术后，人们**对球笼瓣的设计进行了多项改进**，并在20世纪70年代末推出了**侧倾碟瓣和叶瓣设计**。现在，这些人造瓣膜大多采用热解碳（原先常用于核工业）制作而成。

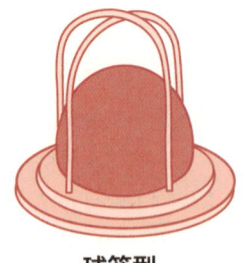

球笼型　　　侧倾碟瓣　　　双叶型

持久力

人工**机械心脏瓣膜**的最大优点，就是其非凡的**耐用性**。一些球形阀在连续工作三十多年后，都没有出现明显磨损。尽管已安装的**侧倾碟瓣**数量超过了两百万，却**几乎没有出现过关于其机械故障的报道**。但是，接受植入物的患者必须终身服用**抗凝药物**，以确保瓣膜不会被**血块**阻塞。

工程学养育计划

82

人工心肺机

只有找到某种方法,保证即使心脏"停工"身体也不会"停工",医生才有可能进行复杂的心脏手术以挽救更多的生命。在生死攸关的时刻,人工心肺机能够起到维持患者的正常生命体征的作用。

多功能

人工心肺机,也被称为**"体外循环泵"**或**"体外灌注回路"**,具备多种功能。它**可以维持人体血液循环**(充当心脏),还可**为血液提供氧气并清除二氧化碳**(充当肺),同时可**让血液保持在正常温度范围内以防止血液凝结**。

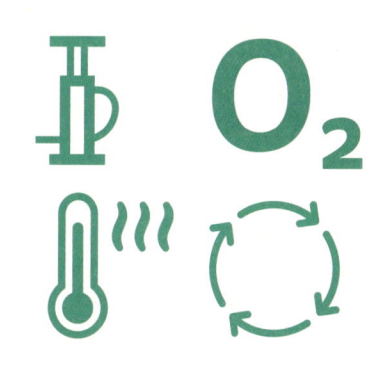

动物研究

1931年,外科医生**约翰·吉本**为失去一名病人而深感沮丧。这名病人在接受心脏手术时因**循环衰竭**在手术台上死亡。于是,吉本和他的**妻子玛丽**开始潜心于一项持续了20年的研究,旨在制造出一种可以**人工维持血液循环**的机器。制造成功后,他们针对猫、狗进行了动物实验。1953年,吉本首次使用该机器时,成功实施了一例心脏缺陷修补手术。

坎坷之路

这台机器的诞生无异于一次重大突破,尽管它仍旧存在不少问题。例如,它在工作过程中会**破坏血细胞**,并带来血液污染的风险。膜技术可以在**保护血液的同时为其供氧**,在这种新型技术发展成熟后,真正意义上的人工心肺机才破茧而出。

人机连接

在进行心脏手术的过程时,医生要将患者与心肺机相连接。心肺机其实就是**泵和其他设备**的集合体,其中包括**氧合器**和**过滤器**。过滤器的作用为,防止血块进入患者体内。

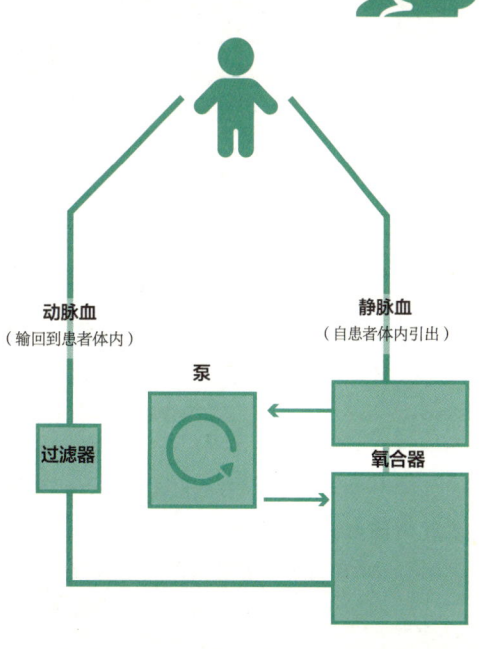

动脉血(输回到患者体内)

静脉血(自患者体内引出)

过滤器 — 泵 — 氧合器

生物工程

心脏起搏器

生命进化过程中的"工程质量缺陷",可以被人类不断发展的电气工程技术干预和完善。这在心脏起搏器的发明与应用过程中,表现得最为明显。

线路故障

心脏正常运作的前提是**心肌运动同步化**,**按照正确的顺序挤压正确的心室**。心脏有一个内置起搏器,即**窦房结**,其作用就在于协调这一过程。一旦出现差错,就可能会导致危险性**心律失常**。

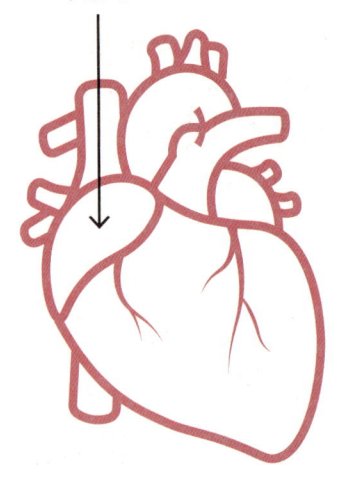

窦房结

电击疗法

外部施加电击可以重整**心脏节律**,甚至可以在心跳停止时帮助其**重新起跳**。这就是应用**除颤仪**或用力捶打胸部的原因。对心脏直接进行**电击**的效果更佳。正是基于这一原因,**首台心脏起搏器**于1952年问世。但这台机器**体型巨大**,人们必须将其放在手推车上,以便移动。

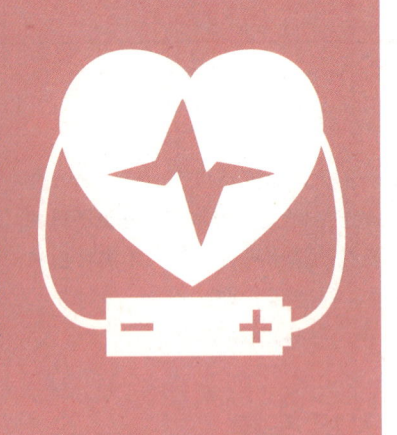

起搏器的组成

现代起搏器的大小大约相当于一枚大号硬币,由**电池、微电脑、发电机和带有传感器的导线**组成。传感器负责监测心脏活动,并将信息反馈给计算机,再由后者决定何时**产生电脉冲**,电脉冲会经导线传回到心肌以刺激心跳。

心脏急救

1958年,**埃尔斯·玛丽·拉尔森**拼命地为她的丈夫寻求着治疗方法。她的丈夫患有严重的**心脏病**,**心脏停搏**次数每天可达三十次。她联系到瑞典发明家**鲁恩·埃尔姆奎斯特**,请他为自己的丈夫提供世界上**第一台植入式心脏起搏器**。这种起搏器可直接与心脏相连,必要时可重启心跳。

无导线起搏器

最新一代的心脏起搏器为**微型圆柱体**。它不需要导线,可被**直接放置于心脏中**。

骨修复

骨骼是人体的结构工程。一旦骨骼出现"故障"并需要"修理"时，还有比工程师更合适的求助对象吗？

针杆、接骨板、骨螺钉和骨销钉

能够帮助骨骼自身修复，或能够临时顶替骨骼结构体的基本构件包括：

- **针杆**：可为长而大的骨骼（如股骨）**增加力量**
- **接骨板**：可将**碎骨固定**在一起
- **骨螺钉**：可将**接骨板**和**针杆固定**到位
- **骨销钉**：可将**松脱的骨骼部分相连接**

内或外

生物医学工程师和内科医生需要默契配合，从而在骨折**内固定术**和**外固定术**之间做出更好的选择。内固定术要将针杆和螺钉等固定件植入骨内，而外固定术中要用到外部支撑构件（通过螺钉固定在骨头中）以及**悬带**、**夹板**、**石膏**等。

植入物风险

人们还应该听取工程学领域专家的意见，警惕**金属植入物的潜在危险**。例如，承担过多载荷的接骨板或螺钉可能会引发**应力遮挡效应**，导致**骨萎缩**；使用**异种金属**有可能引起**电偶腐蚀**，并使**有毒的金属离子活化**。

植入物材料

材料工程师对**骨科植入物**的最佳材料，提出了可供参考的建议。例如，**镍**、**铬和钼**的**不同组合**可以生成**性能各异**的**不锈钢**。

生物可降解

植入通常是"**权宜之计**"，其目的在于让**骨骼再生**，但取出植入物可能存在**风险**，如**感染**。**可生物降解的聚合物**可能很快就会横空出世，它们能**以适当的速度降解**，并能够随着时间的推移将**载荷逐渐转移**到愈合中的骨骼上。

生物工程

人工关节

人工关节必须轻巧、耐磨、耐用且活动灵便，同时还要能够应对粘连和生物相容性等方面的挑战。

承受重荷

关节既要能够承受**巨大的载荷**，还要具备**活动能力**。关节被密闭于**关节囊**中，关节囊可将其中的**润滑液**包裹，而关节表面覆盖的**软骨**可以起到**润滑**、**缓冲**和**保护骨骼**的作用。当这层软骨**逐渐被磨损**，关节骨骼开始退化时，**关节的活动**就会受到阻碍，从而为患者造成巨大的痛苦。

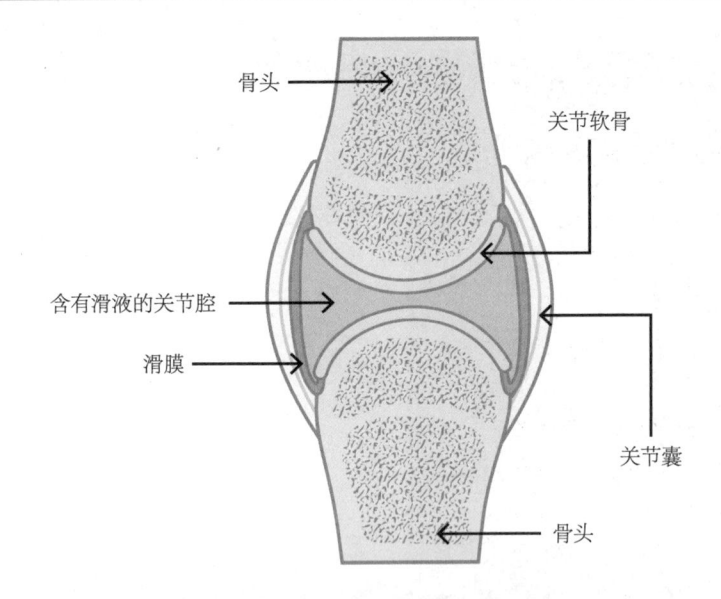

骨头
关节软骨
含有滑液的关节腔
滑膜
关节囊
骨头

象牙和钢

1890年，德国医生**地米斯托克利·格鲁克**成了尝试进行人工关节植入的第一人。他利用象牙和**镀镍钢**制成了**人工膝关节**，不久后又制作了一个**象牙髋关节**，并用**镍螺钉**将其固定入位。然而，这些人工关节的成功只是"昙花一现"——由于植入物的材料**不具有生物相容性**，患者身体很快便会对它们产生**排异反应**。

关节点

第一个现代人工关节是由英国外科医生**约翰·查恩雷**在1958年植入的。他制作了一个**带有圆形金属头**的关节，其大小刚好可以放入一个由**特氟龙**材料制成（后被聚乙烯取代）的**臼杯**中。查恩雷采用的聚甲基丙烯酸甲酯**骨水泥**，直到今天，仍是"标配"。另外，通常还要在其中添加**抗生素**。

关节的类型

身体的不同部位在**运动时的剧烈程度**不尽相同。因此，可能有**多种类型的关节**需要更换。

仿生学

　　生物电子学，也被称为"仿生学"，在科幻作品中常常被描绘成一种人类能力的增强手段。但在现实中，工程师们还在为其努力奋斗，希望开发出几乎能与大自然的天工之作相媲美的仿生技术。

控制论

"仿生"（bionic）是"生物电子学"（biological electronics）的缩略词，并且与**"赛博格"**（cyborg）一词存在关联，而"赛博格"是**"生控体系统"**（cybernetic organism）的缩写。这些词都出自**控制论科学**，那是一门**研究生物和机器之间的控制与通信技术的学科**。

反馈

来自环境的反馈如何与系统相互作用，从而对系统起到引导和控制的作用？ 这是控制论的研究内容。例如，研究**腿**的结构和位置如何影响**动物的行走方式**。

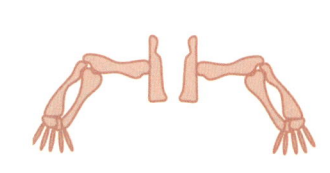

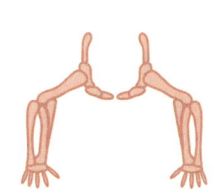

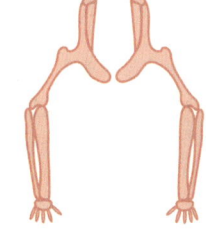

仿生假体

仿生学工程师梦寐以求的目标，是用**电子器件**和**机械部件代替骨骼、肌肉和神经**，开发出各种仿生假体，如可以**抓握且具有触觉的机械手**。他们需要克服的挑战包括：**小型零部件**、**电源**、**计算机处理技术**等。另外，还要使假体**有效附着**于人体，并实现**使用者与假体之间的信息沟通**。

意识控制

意识控制的最终目标，是让使用者**像正常人一般**，能够利用进出大脑的神经脉冲，控制装配于人体的仿生部位。

生物工程

人工耳蜗和视网膜植入物

仿生工程学能够创造出可替代感觉器官的假体。人工耳蜗和视网膜植入物就是分别被用于耳部和眼部的辅助修补装置。

听觉旁道

大多数**助听器**的工作原理都是将**声音放大**，使耳内负责声音处理的结构更容易集音。**耳蜗植入物可以完全绕开这当中的一些结构。**

"广播电台"

耳蜗植入物由内部件和外部件构成。外部件包括**用于集音**的**麦克风**、负责**将声音转化为电信号的处理器**和**无线电发射器**。其中，无线电发射器的作用是将**信号传输给**植入皮下的**接收器**。

直接刺激

接收器接收"电台广播"信号，将其转换为电信号，再传输给**人工耳蜗中的植入电极**，电极**可直接刺激听觉神经**。

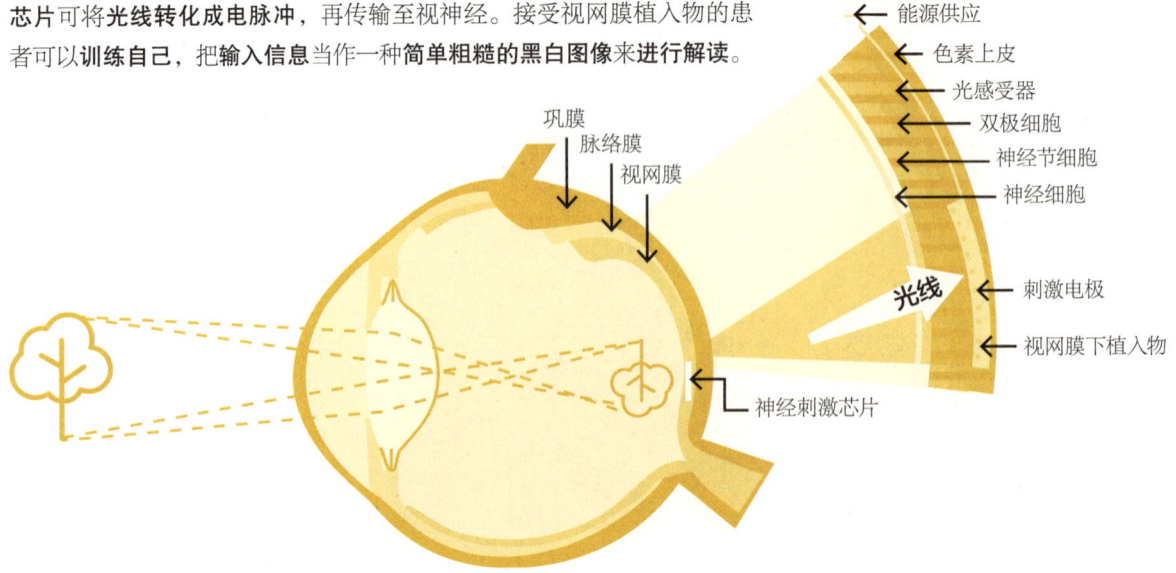

看见即疗愈

视网膜植入物的作用在于，直接刺激**视神经**。置于眼镜或植入眼中的**光敏芯片**可将**光线转化成电脉冲**，再传输至视神经。接受视网膜植入物的患者可以**训练自己**，把**输入信息**当作一种简单粗糙的黑白图像来**进行解读**。

巩膜
脉络膜
视网膜

← 能源供应
← 色素上皮
← 光感受器
← 双极细胞
← 神经节细胞
← 神经细胞

光线 ← 刺激电极
← 视网膜下植入物

神经刺激芯片

基因工程

基因工程也被称作"基因改造"或"基因操作",是指利用生物技术对有机体的基本生物蓝图——基因组,进行修补的技术。

DNA

DNA 是**脱氧核糖核酸**的缩写,它是携带**遗传密码**的分子。人类从有**选择性地繁育**动物开始,就一直在改变动物的 DNA。基因工程则通过**添加或去除 DNA 片段**,可达到对基因组进行**直接修饰**的目的。

遗传密码

1953 年,**弗朗西斯·克里克和詹姆斯·沃森**成功破解了 DNA 的结构之谜,并揭示了被称为"**碱基**"的元素序列进行**遗传信息编码**的规则,从而开启了通往基因工程世界的大门。生物学家意识到,如果他们可以**重写遗传代码**,就有可能**重绘生物的蓝图**,进而创造出经基因修饰的生物。

剪切和粘贴

基因工程包含以下几个基本步骤:

创建新的 DNA 序列,为粘贴到宿主基因组中做好准备
↓
定位宿主 DNA 中的基因
↓
剪切 DNA
↓
将新的 DNA 序列粘贴到位
↓
将 DNA 切口的两端重新连接
↓
宿主生物体把新的 DNA 当作其自身基因组的一部分进行读取

天然利器

若想迈出基因组改造的第一步,生物学家就必须要通过**适当的工具**进行 DNA 的**读取**、**制作**、**剪切和粘贴**。而这其中很多工具都是从**自然借鉴而来**的,如各种**天然酶**(纳米级生物机器)。例如,**限制性核酸内切酶**可对特定部位的 DNA 进行切割,从而让**新的 DNA 片段**插入。

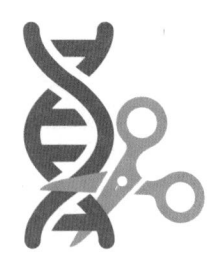

基因递送

基因工程面对的一个重大挑战是,如何把新的基因递送到正确的位置。人类 DNA 深藏于**细胞内的细胞核中**,并且躲在**多道防线**之后。**基因递送**的方法包括:将其导入微小金属颗粒的**靶核中**;使病毒将其化为己用后,让大量经过进化的病毒将它们的基因组注入宿主的基因组中。

CRISPR-Cas9

近几十年,基因工程领域取得的最大成果,当属名为"CRISPR-Cas9"的全新基因编辑工具。它让剪切 DNA 和插入新片段变得比以往更加容易。

细菌工具包

CRISPR 是"**成簇规律间隔的短回文重复序列**"的缩写,而 Cas 是"**CRISPR 相关酶**"的缩写。CRISPR 是由**某些细菌进化而来的一种防病毒技术**。

旧方新用

基因工程师将 CRISPR-Cas9 系统为己所用,创造出**与靶标生物 DNA 的特定区域相匹配的短链 RNA**(一种与 DNA 非常相似并且使用相同遗传代码的分子)。Cas9 酶类似于一把剪刀,它可以提取这些 RNA 链,并用它们**将正确部位上的靶标 DNA 剪断**。

自然修复

但 CRISPR-Cas9 只能**完成一半工作**,一旦目标基因组被切开,基因工程师就必须借助**细胞自身的 DNA 修复机制**,将切口的末端重新接合。**修饰**就是在这个阶段通过**同源定向修复**或**变异敲除**实现的。

同源定向修复

基因工程师提取的包含**新"插入"区段**的 DNA 片段,其两端均伴有与靶标 DNA 切口末端相匹配的**同源 DNA 序列**。在同源序列的引导下,**修复机制使该插入片段成了靶标 DNA 的一部分**。

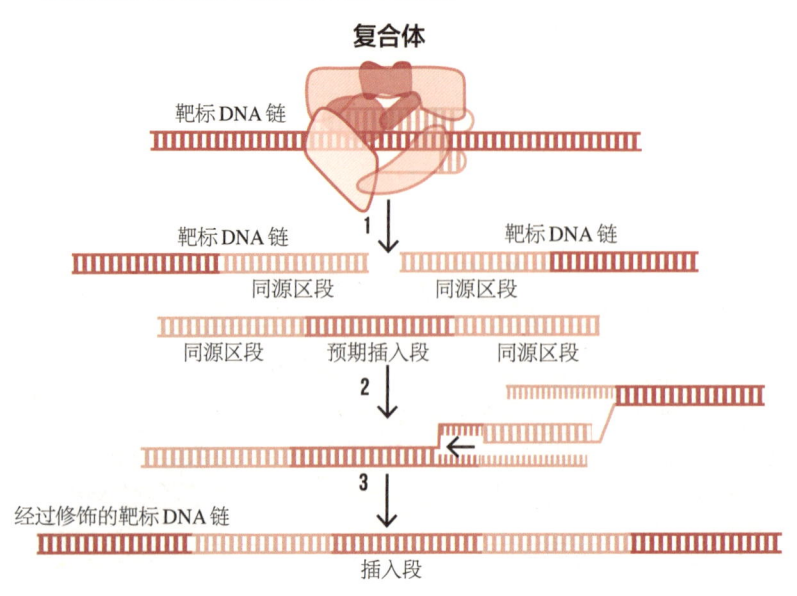

复合体

靶标 DNA 链

↓ 1

靶标 DNA 链   靶标 DNA 链
同源区段   同源区段

同源区段 预期插入段 同源区段

↓ 2

↓ 3

经过修饰的靶标 DNA 链

插入段

基因敲除

基因在被 Cas9 切割后,进行自我修复时**常常会出错**。即使是一个微小的错误,也足以"**敲除**"靶标基因或令其失效。

工程学家养成计划

医学成像

19世纪的医生曾梦想打开一扇"窗户",让他们能把人体看得透彻,以便及时做出诊断,避免病人在等待中死亡。现如今,医学工程学已经打开了许多这样的"窗户"。

X射线

X射线是一种**高能短波电磁辐射**,能穿透包括**软组织**在内的许多材料。这一特性使其可以被用于拍摄**骨骼**和一些其他组织的X光照片。但X射线无法被用于软组织成像,且有可能造成**电离辐射损伤**。因此,**必须要对人们在X射线下的暴露进行限制**。

超声波

超声波是**所有类型的医学成像技术中最安全**的一种,它是对**回声定位技术**的应用:发送**高频声波**至人体内,再拾取回声以生成图像。**多普勒超声**测量的是声波在移动物体(如循环血细胞)表面反射时产生的**音高**变化,它可被用于**血流成像**。

CT和CAT扫描

计算机断层扫描(CT)或**计算机轴向断层扫描(CAT)**可将从不同角度拍摄的单一平面的**多个X光片**合并,从而形成一个透视患者身体**横截面**或某一层面的**精细图像**。由于CT和CAT扫描技术使用的是X射线,因此患者在接受扫描时会暴露于**电离辐射**中。

MRI扫描

磁共振成像(MRI)利用强大的**磁场**使人体内的**氢原子**(存在于水中)"化身"为一个个**微型无线电发射器**,它们产生的信号可被用于生成**各种组织的细节图像**。磁共振扫描仪体积庞大、价格昂贵、噪声也很严重,且不适用于做过**关节置换**手术及体内装有**金属植入物**或**起搏器**的患者。

PET扫描

正电子发射计算机断层显像(PET)系统可扫描进入患者体内的**放射性示踪染色剂**的辐射。不同染色剂可追踪不同的机能。例如,**葡萄糖基染色剂会出现在能量使用较多的细胞和组织中**。PET扫描通常与CT扫描结合使用,不仅费用昂贵,还要让患者暴露于**电离辐射**中。

生物工程

组织工程

组织工程学是开发能够维持、恢复或改善人体组织功能的生物替代材料的科学。

再生医学

组织工程学与**再生医学**这两个术语,通常可以互换使用,但就专业范畴而言,前者是后者的重要组成部分。再生医学主要是指,通过患者的**自我修复**(有时要借助**组织工程**)来进行治疗。

组织

人体由**细胞**构成,而细胞又组成了群落或集群,这些群落或集群被称为"组织",如**肌肉组织**、**软骨组织**、**脂肪组织**等。器官就是由**多种多样且彼此协作的组织**共同构成的功能单位。

支撑功能

细胞一般会分泌一定量的**生化物质**,这些物质将组成网络结构,形成**细胞外基质**,构建细胞的**支撑架构**。在组织工程学中,这种基质被称为"支架"。它具有诸多功能,其中包括**支撑和培育细胞,引导细胞的发育和生长**以及**传递生化信号**。

构建支架

组织工程师尝试利用**支架**来制造**替代组织**,这些支架可以是**人造的**(如由**塑料制成**),也可以源于**天然原料**(如**纤维素**或**胶原**)。借助适当**培养基**和**生化信号**的搭配组合,支架可引导组织的**工程化**生长。

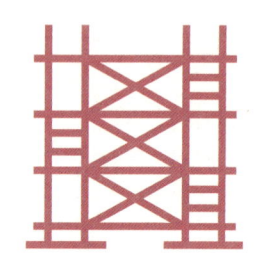

替换部件

组织工程学的终极目标是利用**患者自身的细胞**培养出**新的器官**,并用得到的器官**代替逐渐衰竭的器官**,**如肾脏或肝脏**。目前为止,组织工程的临床应用已涉及了某些相对较小的组织,如**小动脉**、**皮肤**和**软骨**等。

组织传感器

组织工程学的另一个目标在于:培养可用作**生物传感器**或集成传感器(如实验室芯片上的组件)的组织。此类传感器或**实验室试剂**可以改善**药品检测水平**,也可以被用于**个性化医疗**。

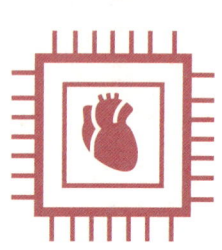

人工生命

人工生命常被称为"AL",与人工智能(AI)形成对照。人工生命技术是生物工程领域的探索,旨在研究出一种完全由人工合成的生命形式。

缔造自体

从工程师成功地破解了DNA密码并在实验室中制造、"缝合"DNA时起,研究人员便已经在考虑**编写他们的自体基因组**。

碱基与染色体

DNA由被称为**"碱基"**的单元序列构成,这些碱基与**DNA编码字母**相对应。在生物体中,能够对数百、数千乃至数百万个**基因**进行编码的**DNA长链与蛋白质结合**,形成了**染色体**。人工生命工程师试图编译自己的碱基序列,生成**人工合成染色体**。

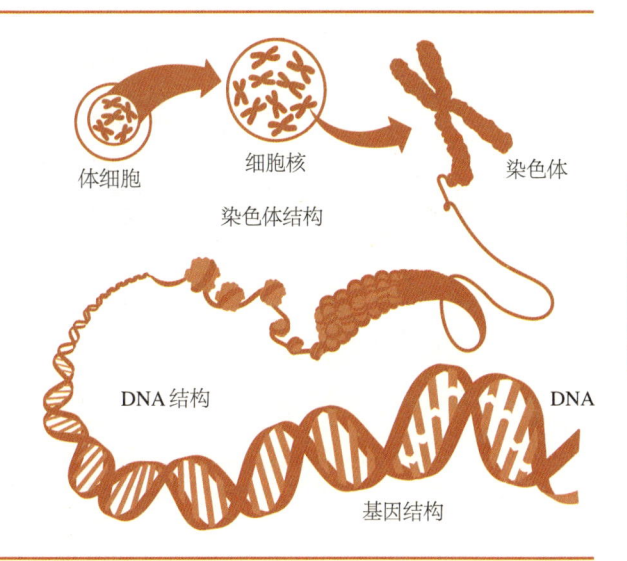

体细胞　细胞核　染色体
染色体结构
DNA结构　DNA
基因结构

最小基因组

即使是最简单的生物体,通常也有**成千上万个基因**。其庞大的总量意味着DNA链的长度会非常长,而编译人工合成版的DNA的难度也就可想而知了。因此,研究人员试图去寻找**最小基因组**,即**数目尽可能少,但仍能产生**可自主复制的生命体**的基因**。

辛西娅

2010年,遗传工程师**克莱格·文特尔**和他的同事,仅用几百个基因便打印出了一套**细菌基因组**,并在其中**添加了额外代码**(包括他们自己的名字)。他们将人工合成DNA插入已去除基因组的细菌中,创造出一个人工生物体。他们将其称为**"JCVIsyn 1.0"**,而媒体则给它起了另一个名字,叫作**辛西娅**。

弓 箭

弓箭是人类制造的最早的力量放大器之一，它展现了史前人类在工程领域的智慧与能力。

弓的基本构造

弓的最简形式仅由一根**富有弹性、可迅速恢复原状的**单一材料构成，其中间有一个**握把**，两侧是上下**弓臂**。弓有弓背和弓腹，两端则有可以固定弓弦的弓扣。一张已固定弓弦的弓，其背弓与弓弦之间的距离叫作"拳高"或**"弦弓距"**。

力量放大器

弓相当于一种**弹簧**，它可将拉弓者**所做的功转化为机械能或弹性势能**，并**存储**在弯曲的弓体中，弓弦释放时会将存储的能量转换为箭的**动能**。能量先被**慢慢注入**弓内，然后**迅速被转移**到箭上。这样一种器械就被称为"力量放大器"。

单体弓

最早的弓由单块木头制成，因此被称为**"单体弓"**。制弓匠逐渐学会了选择强韧的木材（如**紫杉、榆木、橡木和岑木**）并将其切削，从而将**柔韧性**更好的**边材**用作弓背，而将硬度和**压缩性**较好的**心材**用作弓腹。

复合弓

箭的**动能**由其**速度**决定，速度取决于拉弓时弓所能产生的**作用力**（在用重量作计量单位时被称为**"拉重"**），而作用力的大小则取决于弓的**用料**。单体弓的性能囿于单一材料的性能，但在**青铜时代的西亚地区**，制弓匠开发出了复合弓的制造技术，他们将具有**互补特性**的材料层层贴合在一起，使弓**集强度和弹性于一身**。

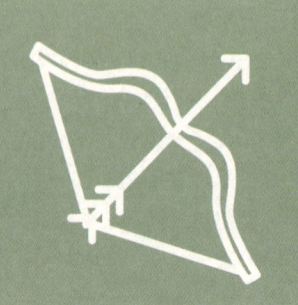

弩 弓

虽然长弓的破坏力惊人，但如果要真正掌握它的使用技巧，就必须要经过数年的训练。中世纪的工程师发明了一种具有相似作用的武器，但使用者只需训练一天便能将其运用自如。

- 大约公元前6世纪　古希腊人将巨型弩炮投入使用。
- 大约公元前5世纪　古代中国人发明了弩弓。
- 大约公元10世纪　弩弓被引入西欧。
- 大约14世纪　钢制弩弓问世。
- 大约1470年　手枪的出现使弩弓过时。
- 16世纪　复杂精巧的猎弩面世。
- 1894年　清朝军队在中日甲午战争中仍在使用连发弩。

弩弓的构成部件

弩弓有一个中心弩托或弩柄，以及一张与其成直角构型的弓或弓片。拉弦（弓弦张开）时，弓弦借由弦枕固定就位，而弦枕可通过**扳机**压下。制作弩弓的材料包括**木材**或**金属**（用于**弩托**）、**骨**或**象牙**（用于**弦枕**）、**麻绳**（用于**弓弦**）。而由**木头**、**钢**、**动物角**、**鲸骨**、**紫衫木板条**和**筋腱**等组成**的复合材料**，则被用来制作**弓体**。

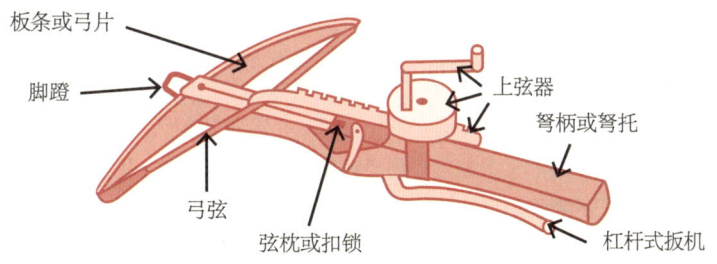

板条或弓片
脚蹬
上弦器
弩柄或弩托
弓弦
弦枕或扣锁
杠杆式扳机

张弓拉弦

弩弓的设计使其能够承受很大的**作用力**，进而产生**巨大的力量**。但这也意味着，**仅靠臂力**根本无法**张弓拉弦**。拉弦技术始于**蹶张法**，即利用**脚蹬**使整个**腿部的力量**得到充分发挥。后来，拉弦技术演化为**挂钩及腰带组合法**，弩手需踩住脚蹬、挺直腰部，利用一根穿过腰带环与弓弦相连的绳子完成张弓动作。对于更大、更强劲的弩弓，人们只能借助**机械"帮手"**，如**上弦器**或**绞盘**等装置，才能张弓拉弦。

军备竞赛

弩弓的穿透力意味着，即使是一个地位卑微的普通士兵，也可以一箭射穿一位高贵骑士的昂贵盔甲。因此，骑士**将锁子甲改为钢板甲**作为应对，即便如此，也**无法承受钢制弩箭的射击**。因此，骑士对待被俘弩兵的方式大多十分残忍。

弩 炮

弩炮，这一古代战争机器堪称罗马工程天才的杰作。它酷似一张巨大的弩弓，可利用扭力投掷弩箭或石头。

从张力到扭力

古罗马人的弩炮设计最早源于**古希腊人**。后者率先使用了类似弩弓的大型武器，利用**拉伸**的木制弩臂产生的力量抛射石头或箭矢。古罗马人的弩炮则依靠扭力，扭转一种**耐磨且弹性较强的材料**来存储能量，**将其松开时便可释放能量**。古罗马人常用**动物的筋腱**缠绕成较粗的扭绳。

双臂发力

古罗马弩炮的基本设计包括两个**弩臂**，它们分别被插到用动物肌腱纤维扭结而成的绞绳中。两臂之间连有弓弦，其原理与弩弓如出一辙，即借助**杠杆**将弓弦向后拉并用**棘爪**使其固定就位。将一个带有各种装置的支架围绕在弩臂四周，这其中的某些装置可用于**扭转绞绳**以增加**扭矩**，还有一些装置则可以使杠杆**更容易向后拉**（如绞车、绞盘或滑轮）。

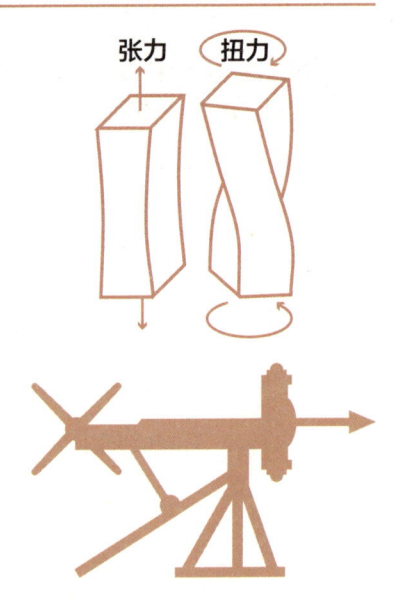

内旋还是外旋

弩炮的弩臂应该向绞绳外侧弹射（与弩弓相同），还是向绞绳内侧弹射？对此，专家众说纷纭，莫衷一是。

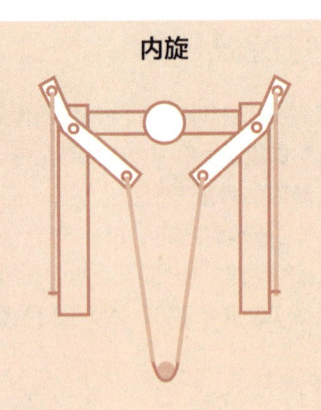

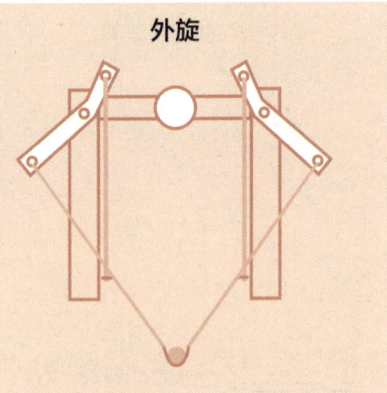

弩炮的类别

古罗马军队投入战场的弩炮涵盖了**各种尺寸**，其中最常见的是**"蝎子弩"**。这是一种由两个人操作的小型弩炮，可发射重达4罗马磅（2.8英磅）的大型箭矢或石头。其他种类的弩炮包括被称为**"移动蝎子弩"**的轻弩炮和称作**"手弩"**的**手持式**弩炮（但可能仍需要将其架在某种支架上）。

连发弩炮

古代的作家描述过一种**由链条驱动，采用自动装填方式，并由箭匣供箭的弩炮**，它被称为**"连发弩炮"**。然而，尚不清楚这种弩炮在现实中，是否真的可行。

攻城器械

在青铜时代，大型城市的城防体系已经相当庞大，而围城之军必须充分发挥工程方面的智慧与创造力，才能将城池攻下。

筑墙修垒

历史上，为保护城市不断积累的物质财富，人们将**防御工事**越修越大。据说，公元前2000年的**尼尼微城**建有长达50英里，高达120英尺，厚达30英尺的**石墙**。大约公元前600年，**巴比伦城**修建了一堵长达12英里，高达330英尺的城墙，其宽度足以容纳一辆四匹马拉的战车通行。

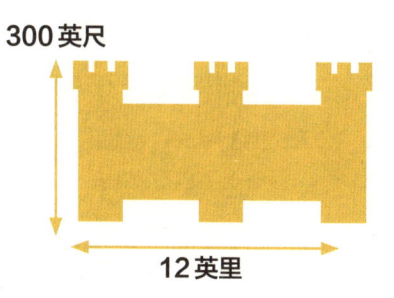

300英尺

12英里

"破城者"

公元前3世纪以前，希腊军事领袖**德米特里乌斯·波里奥西特**将一台名为"破城者"的巨型攻城机器投入使用，而移动它需要约3400人。据记载，"破城者"高达135英尺，宽达60英尺，重量达360000磅。它含有**两个内部楼梯**，分别是上楼楼梯与下楼楼梯。

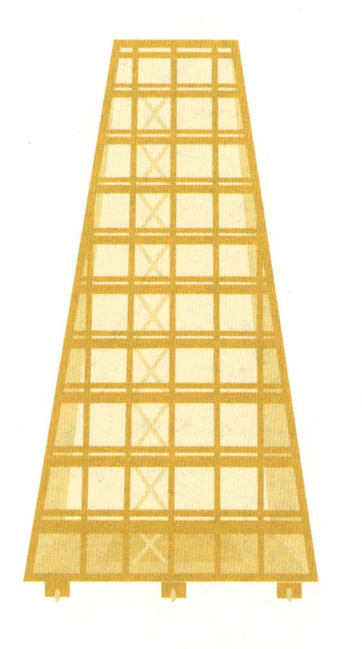

抵近战术

攻城部队可能要想尽办法靠近城墙，**破坏**并**攀上城墙**，而这让他们很容易受到**箭矢**、**长矛**、**巨石块**和**滚沸液体**的伤害。因此，必须为攻城部队提供必要的保护。在建于公元前19世纪的**尼姆鲁德宫殿**中，一个浮雕作品展现了当时的解决方案——使用六轮**攻城塔**。这种攻城塔具有一座可容纳弓箭手的中心塔楼和一个突出的攻城锤。

额外加分

古罗马军队是在**野外快速修造攻城楼车**的专家。他们修造的楼车的**上层**有一个**吊桥**，将其降下搭在城墙上后，进攻士兵便能从塔楼中一拥而出。楼车底座可安放**攻城锤**，即一根巨大的木桩或圆木，用于**摧毁防御工事**。此外，还可以安装用于**扩大城墙缺口**的辅助装置，如装在木杆末端的**尖锐铁器**。

防火阻燃

纵火是针对攻城器械的主要**反制措施**。正因如此，人们会用**生皮**和**涂有阻燃物的层层零碎布料**作为保护，甚至还会令器械令"**披挂**"**铁板**上阵。另外，也可能在攻城器械中安装**灭火系统**，如配有软管的大水袋。

航空航天技术与军备

投石机

投石机是一种利用杠杆作用的弹弓，杠杆的支点仅距离一端较近，而其动力便来自外界对杠杆短臂施加的力。

- **公元公元前4世纪** 古代中国人开始使用牵引式投石机。
- **公元6世纪** 拜占庭人使用牵引式投石机（重型弹射机）。
- **1097年** 拜占庭皇帝亚历克西斯·科姆尼诺斯一世发明了配重式投石机。
- **1199年** 配重式投石机在意大利北部的卡斯泰尔诺沃博卡达达的包围战中被投入使用。
- **大约1300年** 英格兰国王爱德华一世将"战狼"大型投石机用于同苏格兰人的战役。
- **1410年** 克里斯蒂娜·德·皮桑撰写的《论战略》一书建议将投石机与重炮配合使用。
- **大约1500年** 投石机时代画上了句号。

投掷力

一个体积约18立方米的**配重箱**可最多容纳**30吨**的压载物。这种投石机可以将100公斤的石头投至400米开外，将250公斤的石头投至160米开外。而最大的配重式投石机能**将重达1500公斤的石头投出**。

牵拉式、混合式与配重式

投石机可根据对**杠杆**施加的力的来源进行分类。早期**投石机**是**牵引式投石机**，即杠杆的短端需被人力或畜力拉下来。**配重式投石机**则可利用连接到杠杆短端的配重（如装满石头的箱子），通过**重力作用**将杠杆短端下拉。**混合式投石机**使用**配重协助牵拉**。

找准时机是关键

对于较小的投石机，在杠杆长臂末端的**装填手**有时需要**牢牢抓住抛射物**的一端，直到关键时刻才能松手，从而**增加释放时**的作用力。然而，如果他**未能把握好时机**，就可能会**与抛射物一同被投掷出去**。

火 药

人类使用火药的历史已有一千多年。然而直到今天，火药技术仍是能够将大量能量聚集于狭小空间的最为有效的技术之一。

历史

火药由**中国人在公元1000年**前发明。

起初，它被用于制造**烟花**和**火箭**，后来又被用于制造**火铳**和**炸弹**。

1267年，英国僧侣**罗杰·培根**用密码书写的拉丁语对火药进行了记述。

化学成分

黑火药是**硝石**（75%）、**硫黄**（10%）和**木炭**（15%）的混合物。硝石（**硝酸钾**，化学式KNO_3）的作用是提供**氧气**，硫黄和木炭可迅速燃烧，产生**二氧化硫**（SO_2）和**二氧化碳**（CO_2）气体。

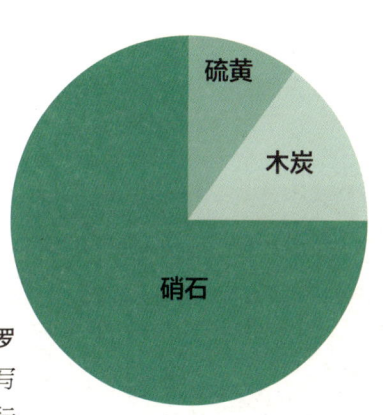

硫黄
木炭
硝石

各种用途

烟花的燃放需要用到火药，其燃放时的**气味**很有特点，部分是由**二氧化硫**所致。烟花形成的**五颜六色**的火光来自与火药混合的少量金属元素，其中含有**钠**时可呈现为**黄色**，含有**钡**时可呈现为**绿色**，含有**铜**时可呈现为**蓝色**。

现代化枪炮采用的是**无烟火药**。

火药是一种**低速炸药**。现代高速炸药的制作原料为**甘油炸药**和**棉火药**（纤维素六硝酸酯）等化学制品。

火药的制备与破坏效果

为了制备出**高效火药**，必须将所有的**成分混合后研磨**，制成**均匀的混合物**。

点燃一个盘子中的**一茶匙火药**，火药只会**燃烧并发光**，却不会**爆炸**。但点燃封闭在**火柴盒**中或包在胶带中的一茶匙火药时，就会发生**爆炸**。这是因为**炙热气体**的产生和**逸出**。火药被应用于制造**枪炮和凿岩炸石**，已有数百年历史。

火 箭

火箭是由反作用式发动机推动的运载工具。这种发动机的工作原理是牛顿运动定律,即对于每一个作用力,都存在一个大小相等、方向相反的反作用力。

反作用原理

火箭的**最简单形式**就是一根一端敞开作为喷口的管状物。根据牛顿运动定律,当物体沿一个方向脱离时,会产生一个大小相同、方向相反的反向作用力,从而推动火箭前进。**燃料在某一方向上的喷射速度越快,火箭在相反方向上的飞行速度就越快。**

燃料的种类

火箭可以使用**多种燃料**,从**压缩空气和水**到**化学物质**,**甚至原子爆炸物**等,都在其中之列。大多数火箭使用的燃料可通过燃烧产生**热膨胀气体**,这些气体喷出时产生的作用力可推动火箭前进。火箭技术的先驱者不断地进行尝试,希望找到**推重比最大**且**可持续燃烧**的燃料。

喷气式飞机 vs 火箭

喷气发动机是火箭发动机的一个类别,它的**全部或部分喷射物为周围空间的吸入物**。

玩具还是武器

最早的火药武器可能就是**简单的火箭**,人们将**火药**塞入一段**竹子**的开口端便可制成。这种原始火药装置既可被当作**烟花**,又能被用于制造**噪声**、**混乱和火灾**,甚至还可以产生**开花弹**的效果。

康格里夫火箭

在大英帝国时代,**英军在战场上遭遇了配备了火箭的印度军队**。英国人威廉·康格里夫爵士受其启发,研制出了**康格里夫火箭**。这种火箭在19世纪初广为英军和美军所用,但它无法与火炮的威力、射程和精度相媲美。

V型武器

第一次世界大战后,德国人**被禁止研制常规炮兵武器,但相关条约并未就火箭做出规定**。在第二次世界大战临近尾声时,由**维尔纳·冯·布劳恩**领导的团队研发出**V-2火箭**,这是一种**超音速弹道导弹**。

早期火炮

炮是一种可在原地利用火药推动炮弹发射的大型火器。

- **公元12世纪** 欧洲人遭遇阿拉伯的火药武器"Madfaa"。
- **1326年** 一份配有插图的手稿对铁锅炮进行了介绍。
- **1331年** 将火炮用于战争的最早记录。
- **大约1400年** 铸铜大炮问世。
- **大约1420年** 装有轮子的大炮问世。
- **大约1450年** 铸铁炮弹出现。
- **1453年** 奥斯曼帝国的大炮轰塌了君士坦丁堡的城墙。
- **1494年** 法国的查理八世凭借可安放在两轮马车上的带有一体式炮耳的新式轻型火炮,征服了意大利。

炮的起源

尽管古代**中国人**早在中世纪前便将**火药**用于武器制造,但他们在**火器**开发这一领域似乎就此止步不前了。欧洲人曾遭遇到一种被称为"Madfaa"的**阿拉伯武器**,该武器可能是一种**喷火装置**,又与欧洲的**铁锅炮**类似。铁锅炮是一种碗形或花瓶形的火药容器,可以短距离**抛射铁制梭镖**。

射石炮

为了**抑制**火药的**爆炸威力**,避免其造成破坏,工程师借用**制桶技术**打造早期的火炮,即**射石炮**。他们将**铁圈**缠绕在**铁制筒板**的四周,使其形成坚固的圆柱体,并将其置于木制炮床上。

金属巨怪

铁圈固定式射石炮是一个庞然大物。1457年建造的**芒斯蒙哥巨炮**长达13英尺,重达6吨,可将重达330磅的**石球**射出两英里。1453年,一门名为**巴西利卡**的铁圈固定式射石炮被用于**围攻君士坦丁堡的战斗中**。200个人和60头牛才能将这门巨炮拖动,这门口径达36英寸的巨炮可将一颗1600磅的球形弹丸射出1英里,但其炮弹装填过程需花费1小时。然而,它只打了几发炮弹就解体了。

致命的改良

火炮威力和效能的限制因素包括:**炮弹与炮膛之间的契合度**、**火炮制造材料的强度**、**火药质量**和**火炮的机动性**。而这些因素往往是相互关联的。**强度高的金属**可在保证火炮完好性的前提下**减轻炮重**,从而使大炮**便于移动且易于瞄准**。基于**更精良的工程技术**制造的炮弹,可被**严丝合缝地塞进炮膛**,而更高质量的火药可**增加对炮弹的推力**。15世纪末期,火炮已变得**更轻巧**、**更灵活**,且威力更加强大。

近代火炮

早期火炮仅限于攻城作战使用。若要配合战术作战，进而对战场产生影响，就必须将火炮造得更轻便、更具机动性。

钻膛技术

工程技术的进步，使**炮筒钻膛**和**炮弹加工**的**精度**都有了极大的**提升**，**减少了气体**从炮弹周围的**逸出**，这就意味着即使**降低火药量**也能产生相同的弹丸**推力**。由于火炮需承受的爆炸力变小，**膛壁**也可**变薄**，从而使人们能够制造出**重量更轻、机动性更强的火炮**。

标准火炮

轻型火炮的出现是一次机遇，而以**让·格里博瓦尔**为代表的法国人抓住了这一机遇。他于1776年成为炮兵督察，并**将新式轻型弹药与前车和炮架结合**，构建了**一个标准化、重量较轻的系统**。他把一支**常规炮车队**所需的马匹数，从十几匹**减少**到六匹，在摩托化炮兵出现之前，这一比值一直变化不大。

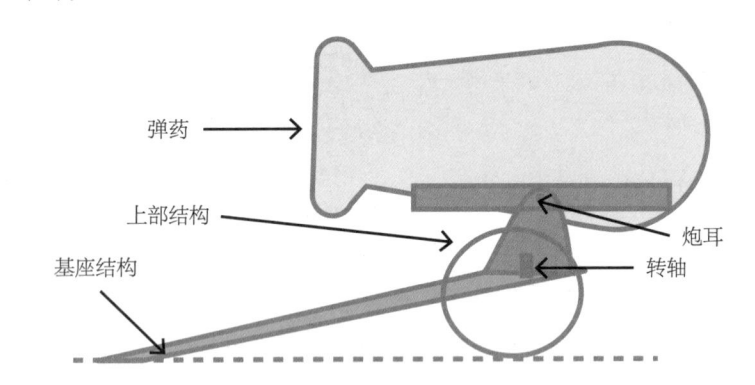

弹药
上部结构
基座结构
炮耳
转轴

炮弹的种类

针对**不同目标**，要为火炮装填**不同类型的炮弹**。**重型球弹**最适合**击穿防御工事**，而**霰弹或葡萄弹**（大量较小的弹丸）对人员更具杀伤力。**抛物线形弹道**能让炮弹以高抛方式打击墙壁或山丘后的目标，但这会降低炮弹飞行**速度**，因此**迫击炮**一般会采用**爆炸性弹丸**。

滑膛 vs 线膛

带膛线（内部刻有螺旋状沟槽）的炮管可以使弹丸**旋转**，有利于提高弹丸飞行的**稳定性和精度**，但这种炮管只能**与较长的圆柱形弹丸或炮弹配合使用**。线膛炮炮弹的**炮口初速通常较低**，但其保持**飞行速度**的能力优于**滑膛炮炮弹**。根据动能公式，即**动能**等于质量乘以速度的平方再除以二，炮弹的速度是最重要的因素。因此，在**短距离内**，滑膛炮比线膛炮更加有效。

后装式火炮

人们对近代火炮进行了长达四百多年的工程技术改造后，开发出了现代化火炮。最终，具有钢制炮管、膛线且能够后膛装填弹药的火炮得以问世，其特点是威力强大又不失轻便性和机动性。

"大贝尔塔"炮

榴弹炮是一种将**加农炮**的**直瞄射击能力**与**迫击炮**的**抛物线射击**能力相结合的大炮。这种炮多被用于**远距离**打击敌人的有生力量和防御工事。**第一次世界大战**时，**安装在铁路列车上的榴弹炮**已经达到了惊人的尺寸。德国人制造的"大贝尔塔"便是当时最著名的铁道榴弹炮，其口径达17英寸，可以将重达1719磅的炮弹发射到9英里外。

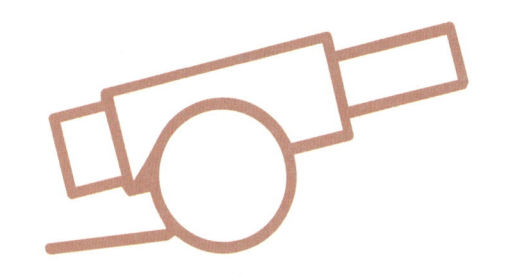

后膛的技术挑战

火炮的**前膛装填**方式速度慢、操作难，而且不适用于带有**膛线**的炮管。**后膛装填**的方式不仅适用于膛线炮管，还可**提高射击速度**。但同时人们必须要解决**密封问题**：对后膛边缘进行密封，以防灼热气体泄漏。19世纪中叶，人们对不同的解决方案进行了研究。例如，使用**软质金属制成的密封环**，"**蘑菇头**"式炮闩，**间断式螺旋炮闩机构**和增加炮弹壳的尺寸。

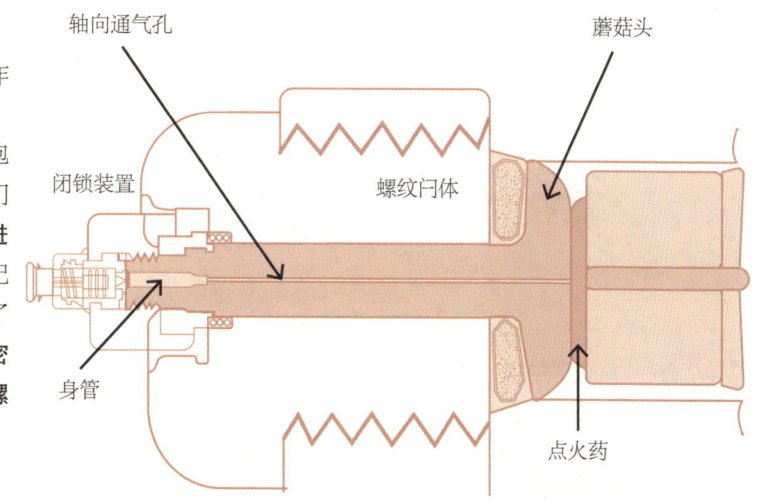

间断式螺旋炮闩机构

间断式螺旋炮闩机构让**后膛闭锁**变得简单而快速。**炮膛后部刻有螺纹，密封炮膛的螺锁也刻有螺纹**。各个构件的螺纹都被切成间隔的数段，这样可使固定在铰链上的螺锁整体进入后膛，只需将其旋转不到一圈即可固定。所有螺纹迅速实现闭合，避免了重复旋转多次并将螺锁从头拧到尾的麻烦。

枪械和现代大炮

枪械是一种通过发射弹丸杀伤目标的火器，作用于弹丸的推动力来自快速膨胀的高压气体。现代大炮与老式火炮一样，也属于武器中的"重量级选手"。

枪械构造

枪械带有一根被称为**"枪管"**的管状物，其一端是封闭的，可放置**火药**、**子弹**或其他弹丸。火药被**点燃**后，会迫使子弹或弹丸飞出枪管。

武器类型

左轮枪是一种**手枪**，其旋转式弹仓内设有分隔的**弹巢**，能装填**五到六发子弹**，这种手枪可实现快速而连续的射击。在19世纪前十年的中期，由**塞缪尔·柯尔特**发明的左轮手枪在美国中被广泛使用。时至今日，左轮手枪在美国仍然很流行。

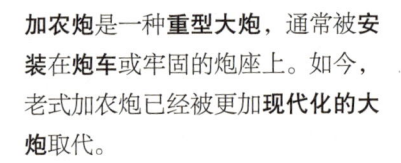

普通**手枪**只有一个**弹巢**，且弹巢与**枪管是一体**的。

中国人在公元1000年左右发明了火药，并造出以**竹管**为枪管的**最早的枪**。

加农炮是一种**重型大炮**，通常被**安装在炮车**或牢固的炮座上。如今，老式加农炮已经被更加**现代化的大炮**取代。

此后的枪械大多使用子弹，少数使用弹丸。**大口径前膛枪**是一种短枪，带有喇叭形的枪管。它的有效**射程较短**，但射击时的**噪声**和弹丸的**杀伤力**都较大。

大炮的口径从几英寸到几英尺不等，其载具包括**三脚炮架**、**炮车**、**轨道**或**军舰**。炮弹的弹头内一般装有高**爆炸药**或**燃烧**材料，而发射弹药则通常是**硝化棉**与**硝化甘油**的混合物。

步枪是后靠在**肩膀**上实现射击的长枪，采用单发子弹，子弹的**黄铜弹壳**中装有发射弹药（通常为硝化纤维）。枪管内部刻有可使**子弹旋转**的**螺旋形凹槽**，有助于提高武器的准确性。一些步枪在距离目标**3000英尺**之外，仍能实现精确射击。

现代霰弹枪通常采用长枪管，可发射大小各异的**铅弹**，如口径为**3.3毫米**的4号霰弹、口径为**2.8毫米**的6号霰弹。子弹或弹丸同火药一起被装在硬纸弹壳中。霰弹枪的准确射击距离约为**150英尺**。

飞 艇

飞艇或硬式飞船本质上是充满某种升浮气体（密度小于周围的空气）的大型气囊。飞艇是体形庞大却速度迟缓的"空中怪兽"，尽管如此，工程师们仍在为它们不断寻找新的用武之地。

- **1783年** 孟格菲兄弟利用热气球完成双人飞行，雅克·查尔斯与其副驾驶乘坐一只充满氢气的气球升空。

- **1785年** 让·皮埃尔·布兰查德乘坐一只配备了扑翼装置的气球成功飞越英吉利海峡。

- **1900年7月** 德国的冯·齐柏林伯爵建造"齐柏林一号"飞艇，由此拉开了大型飞艇产业的序幕。

- **1914—1918年** 在第一次世界大战中，德国人将飞艇用于侦察和轰炸任务，但它们易受恶劣天气的影响和其他飞行器的攻击。

- **20世纪30年代** 德国"齐柏林"飞艇配备了私人客舱、观景台和高级餐厅，让乘客获得了令人惊叹的舒适体验，这种飞艇的速度比远洋客轮更快，并且载客量大于常规飞行器。

"兴登堡号"空难

在1937年5月6日发生的一场**重大空难**中，"兴登堡号"飞艇在接近新泽西州莱克赫斯特时**起火并坠毁**。这次空难造成36人遇难，但有**61人**奇迹般地生还。

彼时与现在

早期飞艇不过是巨型气球，艇体下方的吊篮（舱）可载运**乘客或货物**。如今，**充满氦气**的飞艇多被用于**监视**（**间谍**）、**勘探**以及**将重物运送到偏远地点**，如位于大山深处、不通公路的水坝。

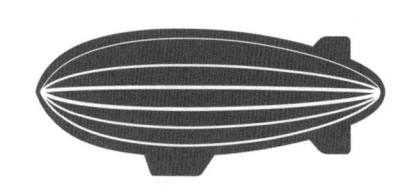

氢气 VS 氦气

尽管**氢气是最轻**（密度最小）的气体，并且容易获得，但它**高度易燃**，而这会对利用氢气浮升的飞艇构成安全风险。

"兴登堡号"空难标志着充满氢气的载客飞艇退出了历史舞台。与氢气相比，氦气的密度稍大，且供应匮乏，但它的优点在于**不会燃烧**。

动力飞行

动力飞行是人们在工业时代面临的最大的工程技术挑战之一。若想实现动力飞行，飞行器就必须能够产生并维持足以克服其自身重力的升力。

倾斜翼面

一些早期的航空先驱尝试着模仿鸟类的运动，设计出了扑翼。英国人乔治·凯利（1773—1857）创造性地提出了"固定翼"概念，即机翼的翼面被设定在与迎面而来的气流呈一定角度的位置。当气流自机翼向下偏转时，会对机翼产生一个大小相等、方向相反的上推力。

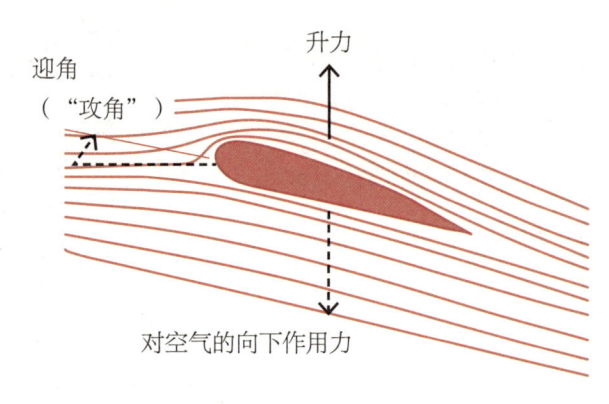

向量力

凯利也是第一个发现作用于飞行器的四个向量力的人。这四个力分别是：推力、升力、阻力和重力。

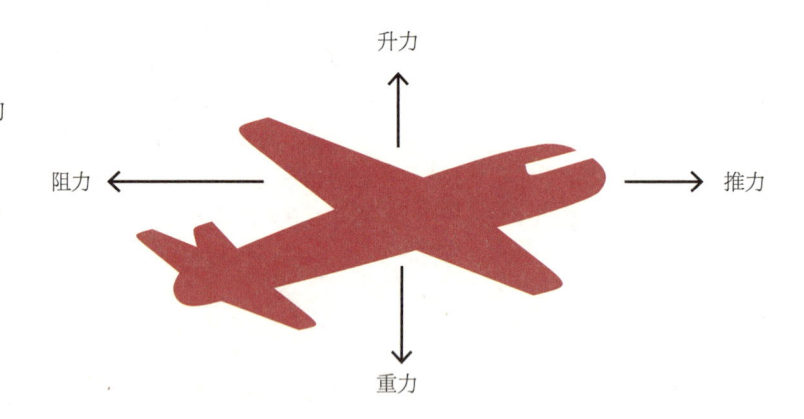

空中运输公司

英国工程师威廉·汉森和约翰·斯特林费罗跟随着凯利的脚步继续前行，构思出了单翼机的设计：利用巨大的倾斜机翼产生升力；利用垂直尾翼和方向舵控制俯仰和偏航；利用轻型蒸汽机驱动螺旋桨产生推力。1843年，他们甚至还尝试创办了一家国际航空公司——空中运输公司。

斯特林费罗的三翼机

他们的创业以失败告终后，汉森搬到了美国，而斯特林费罗仍锲而不舍。尽管他选用的蒸汽机很轻，但其飞行器的功率重量比仍不足以将一名人类乘客带入空中。然而，在1868年举行的水晶宫博览会航空展上，根据他设计的飞行器制作的三翼机模型，成功实现了系绳动力飞行。

机关枪

机关枪是一种全自动枪械，可连续快速地发射步枪弹。机关枪的出现改变了战场战术，造成了恐怖的结果。

全自动射击

机枪的基本原理是，以**自动方式**让**"子弹发射、抛出空弹壳、子弹上膛、再次射击"**这一整套动作一气呵成。为此，它必须借助某种形式的**动力或驱动**。法裔美国发明家**希拉姆·马克沁**于1885年发明了**第一支全自动机关枪**。相传，他用一支步枪射击时，枪的**后坐力**让他肩膀十分疼痛，而这为他带来了发明机关枪的灵感。马克沁意识到，后坐力可以作为机枪的动力源。

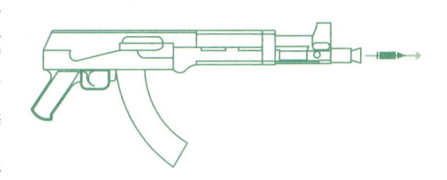

气动操作

根据**牛顿力学定律**，枪的后坐力就是弹丸发射时产生的大小相等、方向相反的反作用力，而它仅仅是机枪潜在的动力源之一。另一个动力源则是**弹药爆炸**时形成的**高温气体压力**。以**刘易斯机枪**为例，高温气体可驱动与枪机相连的**活塞**，在将枪机向后推动的同时**压缩弹簧**，弹簧回弹后可完成枪机闭锁。

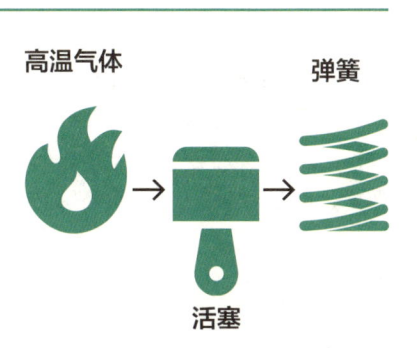

高温气体 → 弹簧
活塞

杀伤力

即便是训练有素的步枪手，在一分钟内最多也只能打出15发子弹，而机枪手每分钟可以打出600发子弹。

每分钟15发 — 步枪射速

每分钟600发 — 机关枪射速

勃朗宁重机枪

相较于马克沁的机关枪，美国枪械设计师**约翰·勃朗宁**所设计的**枪管后座式重机枪**的重量更轻、结构更简单、造价更便宜、性能更可靠。1917年5月，为向美国陆军展示这款武器，勃朗宁进行了一次测试。他发射了四万发子弹，其间仅发生了一次小型零部件故障。

莱特兄弟

莱特兄弟在航空工程领域的成就，令很多人难以望其项背。这些成功不仅凝聚着他们的聪明才智，更是他们不懈努力的结果。

单车兄弟

威尔伯·莱特和奥维尔·莱特都是自行车工程师。1878年，父亲给他们买了一个玩具直升机，自此他们便萌生了对航空领域的兴趣。

循序渐进

莱特兄弟有条不紊地推进着重于空气的动力飞行器的研制工作，并将这一过程分为**原型机研究**和**飞行测试**两个阶段。他们首先制作了一个**风筝**，接着又制造了一架**滑翔机**，最后，他们终于水到渠成，打造出一架**动力飞行器**。

翘曲机翼

他们通过观察**鸟类**得到启发，设计出了可以"**翘曲**"的机翼，使机翼能**弯曲成一定角度**，起到平衡和控制作用。

铝制发动机

他们对发动机进行了**自主开发**，为其配备了**革命性的铝制机罩**。**铝质材料**的**轻盈**特性，使其后来成了重要的航空材料。

轻量化

他们开发出了**轻巧**的"**可漂浮式**"木质结构，其蒙皮布内缝有"**口袋**"，可**放置翼梁**。蒙皮布在设计中**不可或缺**，既有助于**减轻重量**，又增强了结构的**弹性**。

一飞冲天

1903年12月17日，在威尔伯的操作下，"飞行者号"一飞冲天。这是重于空气的动力飞行器首次完成不受限制的可控空中飞行。"飞行者号"飞行了59秒，飞行距离为852英尺。

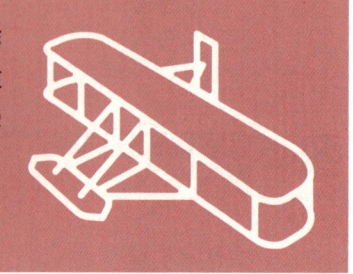

工程学家养成计划

坦 克

坦克诞生于第一次世界大战的残酷战场，是以工程技术应对残酷挑战的产物。它的出现改变了战争的性质。

- 1485年 达·芬奇设计出一辆圆锥形装甲战车。
- 1801年 履带问世。
- 大约1900年 德裔英国工程师F. R. 西姆斯设计出装甲四轮摩托和车辆。
- 1903年 H. G. 威尔斯在他的科幻小说《陆地铁甲舰》中对坦克的出现做出预言。
- 1904年 法国的沙朗-吉瑞德-沃伊特公司制造出装甲车。
- 1914年 英军使用霍尔特式拖拉机。
- 1915年 英国政府成立了陆地战舰委员会，致力于坦克的研发。
- 1916年 马克I型坦克入役，并于同年9月被首次投入战场。

来自战地的挑战

第一次世界大战的西线战场，为**步兵**带来了可怕的挑战：毁灭性的**机枪火力**；支离破碎、难以逾越的泥泞**地形**；各种**障碍物**（如**带刺铁丝网**）；高沟深垒的**防御阵地**。在防守与进攻之间，战争天平已经明显向前者倾斜。

陆地铁甲舰

H. G. 威尔斯在其1903年创作的科幻小说《**陆地铁甲舰**》中描绘了巨大的装甲陆地战列舰，它装有与履带类似的前行装置，可如履平地般地穿越常规的战场防御工事。小说提出，若要克服战场上的挑战，必须具备两个要素：能够产生足够动力并为重型装甲赋予机动性的**发动机**，和轻松应对**战场地形**的**运动系统**。

拖拉机

某些创新技术已被整合到一种现有的车辆上，即**霍尔特式拖拉机**。这是一种体型庞大且功率强劲的重型车辆，它配备了适于在起伏路面上行走的**履带**。英国的工程师从中汲取了灵感，打造出全新的军用车辆，即一种配备了**重型装甲**和**履带式行走装置**的**低重心移动炮座**。

航空航天技术与军备

马克I型坦克

马克I型坦克的外观呈菱形，两侧的履带环绕整个车体。车体前端向上倾斜，从而有助于其跨越障碍物，同时也减小了履带脱落的可能性。

无 人 机

"无人机"是所有遥控载具的一个约定俗成的概括性名称，它通常是指无人驾驶航空载具，即俗称的"无人驾驶飞机"。

- **1849年** 在进攻威尼斯时，奥地利人发射了装有炸弹的无人气球。
- **1898年** 塞尔维亚发明家尼古拉·特斯拉展示了无线电遥控的无人船。
- **1915年** 美国发明家埃尔默·斯佩里设计了航空鱼雷，这是一种弹体内装满炸药的轻型飞行装置，它借助陀螺制导机构实现稳定飞行。
- **1939年** 无线电遥控玩具飞机爱好者、英国电影演员雷金纳德·丹尼向美军出售了数千架OQ-2无线电飞机。
- **20世纪40年代** 当时的无线电遥控飞机包括：德国的"阿格斯292"，英国的"蜂王"和美国的TDR。
- **20世纪60—70年代** 美国军方使用瑞安公司的AQM-34"火蜂"式无人机执行侦察任务。
- **20世纪70—80年代** 以色列人研制出滑翔机式无人机。
- **1994年** "捕食者"无人机首飞。

无线遥控船

实现**遥控**的关键性技术是**无线电传输**。**无线电技术**的先驱者之一——塞尔维亚籍发明家**尼古拉·特斯拉**，在1898年纽约**麦迪逊广场花园**举行的**电气博览会**上，展示了一艘无线遥控船。那是一艘融合了**复杂的编码无线电控制技术**的电动无人船。

突破局限

无线电让遥控成为可能，但前提是载具必须始终处于操作人员的**视野范围内**。只有在**实时信号馈送摄像机**出现后，才突破了视野上的限制。

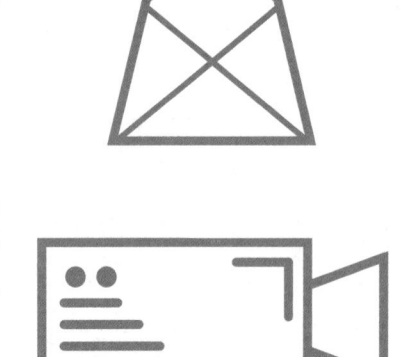

无人机背后的逻辑

与常规航空器相比，无人机**成本更低、更经得起消耗、更便于运输和部署、燃料消耗量更少**。最重要的是，它们可以**让操作人员远离危险**。

数量优势

2005年，无人机仅占美国军机总数的5%。如今，美军的现役无人驾驶飞机的数量已经超过了有人驾驶飞机。

喷气发动机

由内燃机驱动的螺旋桨所能达到的速度是有限的。如果工程师们能够解决棘手的工程难题，设计出基于反作用原理的全新发动机，那么发动机的推力将有望得到极大提升。

反作用式发动机

喷气式发动机是一种反作用式发动机，可使某种流体介质沿着一个方向喷出，从而形成朝另一个方向的推力。航空喷气发动机的工作原理为：**自发动机前端吸入空气并将其压缩，燃料燃烧后产生的热膨胀气体会从后端喷出**。

涡轮喷气发动机

最早的喷气式发动机是**涡轮喷气发动机**，它利用**膨胀**的燃气带动涡轮旋转，将燃气从尾喷管排出。涡轮可为发动机前部的**压缩机**提供动力，从而压缩吸入的空气。

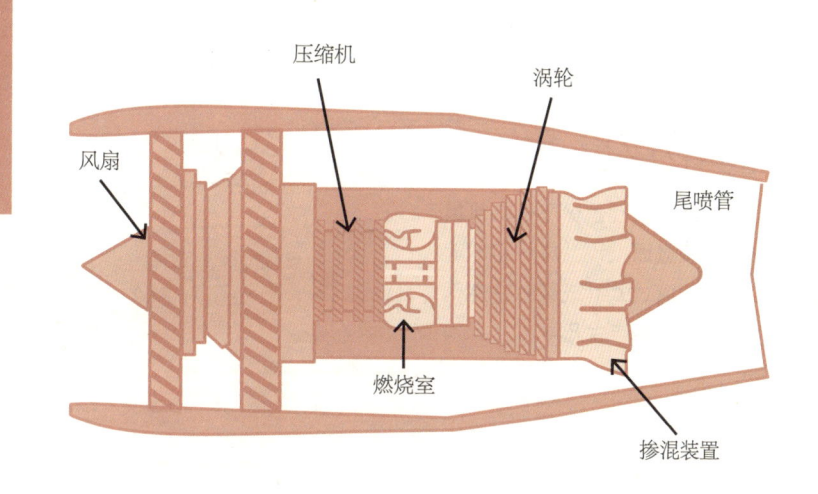

风扇　压缩机　涡轮　尾喷管　燃烧室　掺混装置

二战中的喷气式飞机

英国飞行员**弗兰克·惠特尔**于1930年获得了**首个涡轮喷气式发动机的专利**，但11年后他才制造出了第一台实用型发动机。1939年，德国工程师**汉斯·冯·奥海恩**成功研发出了**第一台可用的涡轮喷气发动机**，它被用作**亨克尔He-178飞机**的发动机。1942年，**通用电气公司**制造出了美国的首架喷气机——XP-59A实验型飞机。

涡轮风扇发动机

如今，**涡轮风扇发动机**已成为喷气式发动机的主流。这种发动机可利用**涡轮为发动机前端的风扇提供动力**，再驱动压缩机旋转，风扇在**吸入额外的空气**的同时会**将气流分流**，让这些**空气沿着发动机外围流动**，再与发动机后部的高温排气混合。以这种方式，可以在**不增加油耗**的情况下提高发动机的推力，而且有助于**减少噪声**。

直升机

　　固定翼飞机的升力依靠整个飞行器穿过空气向前运动而产生。直升机的工作原理为，在空气中不断转动的旋翼，可使整架飞机垂直上升。

达·芬奇的"直升机"

某些**树木的种子能以旋转的方式**慢慢飘落，随风散布得更广。也许是受大自然的启发，**中国古人和达·芬奇**都提出了**借助旋转翼面实现升空的飞行器**这一概念。达·芬奇采用的是一个**螺旋形曲面**。

桨叶的升力

直升机的旋翼桨叶就像飞机的机翼一样，其**横截面**被设计成一定的形状。当空气流过桨叶或桨叶在空气中转动时，能够产生升力。

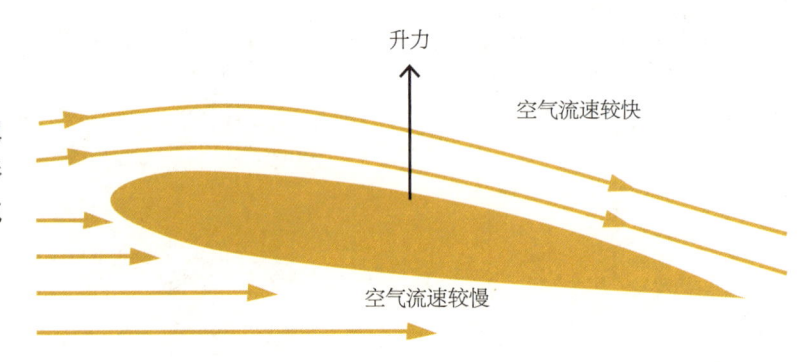

升力
空气流速较快
空气流速较慢

扭矩与抗扭矩

直升机的单个旋翼在旋转时，会对**机身**施加**一个旋转力，即扭矩**。直升机设计师采用了两种不同的方法，阻止机身向旋翼运动的相反方向发生自旋。

反转桨叶
两个反方向旋转的**旋翼**所产生的扭矩，可彼此抵消。

尾旋翼
尾旋翼在**垂直面旋转**，既可**平衡机身扭矩**，又可起到控制作用。

西科斯基

俄裔美国航空工程师**伊戈尔·西科斯基**被称为**"直升机之父"**。尽管他不是最早设计或驾驶直升机的先驱，但他研制出了世界上**第一架实用直升机 VS-300**，这架飞机在1939年试飞成功。

弹跳炸弹

英国飞机设计师巴恩斯·沃利斯曾坚定地认为，工程学将对第二次世界大战的结局起到决定性作用。他凭借自己设计的"弹跳炸弹"证明，工程学可以左右战争走向。

坚不可摧

德国鲁尔河谷的水坝为工业生产供水、供电，这让它们成为"二战"时期盟军的空袭目标。但这些水坝规模庞大，炸弹除非紧贴着坝体爆炸，否则无法将它们彻底摧毁。水坝有拦截网的保护，可避免鱼雷的攻击。那么，怎样才能将一枚炸弹投掷到防范如此严密的大坝坝底呢？

"维修费"和"海波杯"

巴恩斯·沃利斯试图打造一种类似于导弹的武器，使其可以在水面上弹跳，掠过反鱼雷网，在撞向大坝之后，从坝面滚落并在水线处爆炸。为此，他研制了两种跳弹：一种是可攻击战舰的小号版，代号为"海波杯"；另一种是专门用于破坏水坝的大号版，代号为"维修费"。

回旋

这种炸弹（实际上就是会弹跳的水雷）必须以恰当的速率（每分钟500转）向后旋转，以保证命中时能够从大坝表面滚落。炸弹的回旋运动还可以确保炸弹落在飞机飞行路径的后方，从而为轰炸机的安全撤离争取更多时间。

"大坝毁灭者"

空袭大坝的时机，必须是在几场春雨过后、水库蓄满水的时候。在短短两个月内，经过特别改装的"兰开斯特"轰炸机中队进行了一项充满危险且困难重重的训练——以低空飞行的方式抵近目标，再将"维修费"炸弹准确投掷出去。1943年5月16日至17日，第617轰炸机中队成功地在两座大坝上炸开缺口，并且破坏了另一座。此次行动中，19架飞机中有8架折损，53名机组人员牺牲。

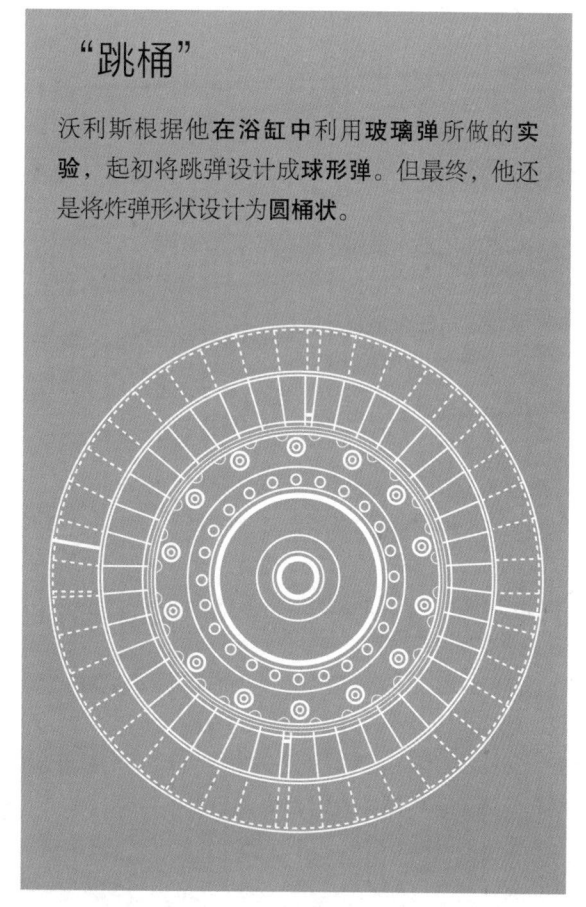

- 19架飞机
- 损失8架
- 牺牲53人

"跳桶"

沃利斯根据他在浴缸中利用玻璃弹所做的实验，起初将跳弹设计成球形弹。但最终，他还是将炸弹形状设计为圆桶状。

航空航天技术与军备

原子弹

原子弹通常被认为是一项伟大的科学成就，但实际上，其背后的科学原理在第二次世界大战之前就已为人所知。真正的挑战在于，研制原子弹是一项规模浩大的工程。

链式反应

原子弹是在一系列科学理论的基础上被提出的，其中包括：**著名的爱因斯坦质能方程 $E=mc^2$**，它表明微小的质量也可转化为巨大的能量；匈牙利物理学家利奥·西拉德的理论，链式反应可以在某种带有不稳定放射性原子核的元素（**可裂变物质**）中发生。

可裂变同位素

1940年，美国政府组织了"**铀计划**"，旨在研究制造原子弹的可行性。他们得出的结论是，铀的一种特定**同位素 U–235** 正是制造原子弹所需的可裂变物质。然而，**天然铀中的 U-235 含量仅为 0.7%**。这意味着，分离出足够用于制造原子弹的铀，将是一项巨大的工程挑战。

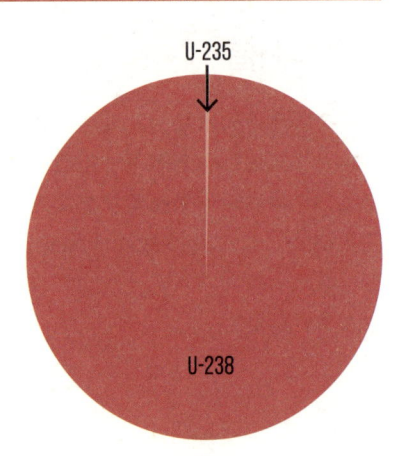

天然铀

铀浓缩

在**田纳西州**的**橡树岭**和**华盛顿**的**汉福德**建设大型铀同位素分离工厂，以工业化规模分离出足够用于制造原子弹的 U-235。这些工厂采用的技术包括**热扩散法**、**电磁分离法**和**气体扩散法**。

广岛

1945年8月6日，"小男孩"原子弹在广岛市上空1900英尺处爆炸。尽管它只有10英尺长，28英寸宽，且仅容纳了140磅的铀燃料，但其**爆炸威力却相当于15 000吨TNT炸药**。爆炸中心投影点处的冲击波形成了**每小时980英里的狂风**，造成的**压力约为每平方英尺8600磅**。即使在1/3英里外，风速仍为每小时620英里。**以爆炸点为圆心的方圆五英里内的区域，均被夷为平地。**

原子弹设计

在**新墨西哥州洛斯阿拉莫斯**，一队科学家进行着实用型原子弹的设计。投掷在**广岛**的"**小男孩**"原子弹是一颗"**枪式**"原子弹，其原理为：将**亚临界质量的 U-235 作为一粒弹丸**发射到同样也是亚临界质量的 U-235"**容纳器**"中，当它们合二为一时，便可达到临界质量，进而引发**不可控的核裂变链式反应**。

工程学家养成计划

"伴侣号"人造卫星

1957年10月4日,第一颗人造卫星的成功发射,揭开了太空时代的序幕,并掀起了苏联与美国之间的太空竞赛。

牛顿大炮

人造卫星的构想可追溯至17世纪**艾萨克·牛顿**所做的研究。牛顿以**开普勒轨道力学**为基础,阐明在**重力作用下,朝水平方向发射的炮弹**如何沿着抛物线轨迹落回到地球上。随后,他提出了一个问题:如果炮弹发射的**速度**够快,使其**抛物线弹道刚好超越地球的曲率**,那么会出现怎样的结果?它永远会落向地球,但又永远会与地球失之交臂。换言之,它会像地球的天然卫星**月亮**一样,**围绕地球公转**。

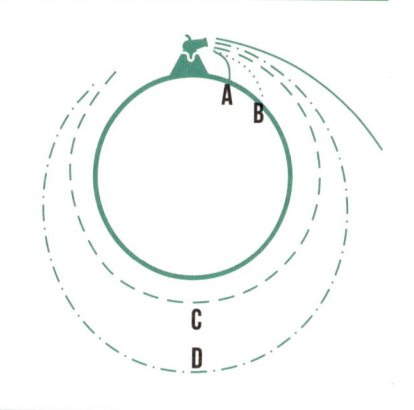

物体D

德国V-2项目的成功,表明**远程弹道火箭技术**在当时就已经成为现实。苏联科学家康斯坦丁·齐奥尔科夫斯基等富有远见的火箭先行者曾预测,自20世纪起,火箭将可通过**"串联式"分级推进**的方式把旅行者送入太空。苏联的火箭科学家建议,**可以将发射无人飞行器作为过渡任务**,同时着手研制一颗耗资巨大、载满科学仪器的卫星,即**"物体D"**。

最简单的卫星

苏联人决心要比美国人领先一步进入太空,然而当他们发现R7火箭的推力显然**不足以让"物体D"升空入轨**时,他们便转向了备选方案——建造一颗**最简单的卫星**。这颗代号为"PS"的卫星就是日后为世人所知的**"人造卫星1号"**或**"伴侣号"**。

"伴侣号"的设计

"伴侣号"卫星由**两个可绝缘隔热的半球形抛光外壳**组成,其内部装有无线电发射器、电池、用于调节内部温度的风扇,以及可根据热量变化和压力变化控制无线电传输频率的切换装置。

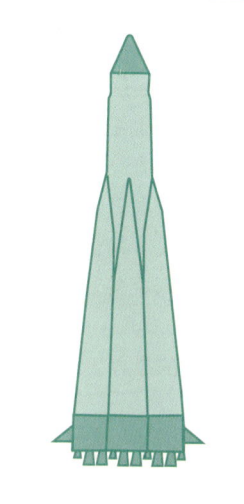

阿波罗计划

人类成功登月，标志着"阿波罗"火箭计划巅峰时刻的到来，也是一项具有决定性意义的太空时代工程成就。

群策群力

为"阿波罗"太空计划工作的**工程师、科学家和技术人员共有四十万名**，超过**两万个企业和大学**参与了探月工程。他们克服了无数的工程挑战，如创建**任务基础架构**、研制**有史以来最强大的火箭**、预测太空真空环境的条件等，设计出了轻巧而又易于操纵的月球登陆器。

任务架构

确定**宇航员的月球登陆方式**，这是一项必须提早确定的重要决策。正是由于**美国国家航空航天局工程师约翰·霍博特**的坚持和远见，月球轨道交会的方案才得到了采纳。利用**单次发射的运载火箭**将**母舰和登月舱直接送往月球**，是一个有着极高技术难度的复杂计划。其关键在于，**航天器如何"瘦身"**。

火箭巨无霸

为实施探月工程而开发的**"土星5号"运载火箭**，比此前的任何火箭都要大。它**由三级火箭构成**，包含的零部件多达三百多万个，高度达363英尺，可产生750万磅的推力。

真空包装

工程师必须考虑到，各种组件会对**太空中的恶劣条件**产生何种反应。例如，他们**发现**，过冷却燃料供给管路在地球上可以受一层冷冻水汽的保护，但**在真空中它们会变得十分脆弱**，因此工程师为其**加装了钢筋网以避免灾难的发生**。

仅设站席

另一个具有代表性的工程挑战，就是**减轻登月舱的重量**。宇航员取坐姿时，若要保证其视野足够开阔，就必须设置大而重的窗户。工程师意识到，尽管更小、更轻的窗户存在视野不足的缺点，但宇航员只需取站姿便可加以弥补。

全球定位系统

在现有的几个全球卫星导航系统中，全球定位系统（GPS）位居第一，而GPS已经成为这类非凡技术的代名词。

全球卫星导航系统

全球卫星导航系统实际上包含着若干不同的系统，每个系统都可利用各自的卫星群运作。除美国"导航星"GPS系统外，还有俄罗斯的"格洛纳斯"和欧盟的"伽利略"，以及中国的"北斗"卫星导航系统。

璀璨"星"空

GPS系统至少需要依靠24颗高地球轨道（位于地球上空大约12 500英里）卫星才能维持正常运转。每颗卫星的运行时速约为8700英里，每十二小时绕地球一周。卫星的布局必须保证，在地球上的任何地点都可以随时观测到至少四颗卫星。每颗卫星都携带着一个走时分毫不差的原子钟。

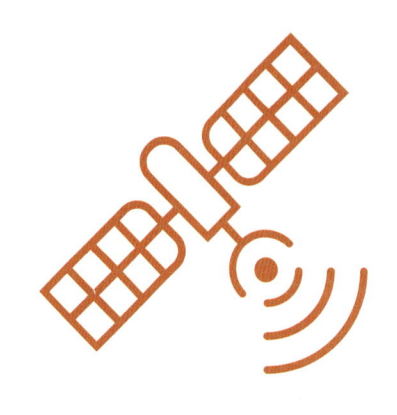

三边测量法

GPS接收器的定位原理为：拾取来自卫星（通常需6～12颗）的时间信号，利用这些信号确定卫星的位置，再通过三边测量法标示出接收器的位置。三边测量法即为根据三个彼此交叠的圆形或球形的交叉点来确定位置的方法。

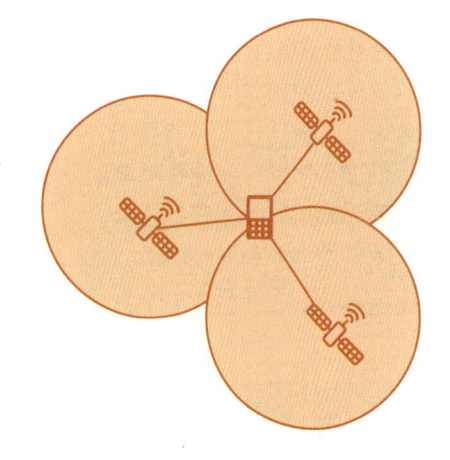

相对论时钟

卫星运行的高度和速度意味着，必须要将相对论效应纳入考虑的范围，从而使地球上的接收器与卫星上的时钟保持同步。否则，每天超过6英里的定位误差将会在系统内不断累积。对此，人们提出了一个巧妙的工程解决方案，即调整卫星上的时钟设置，使其走得比地球上的时钟慢一些。

哈勃太空望远镜

于1990年成功发射升空的哈勃太空望远镜可以使地球望远镜面临的最大问题迎刃而解。但是，只有在成功实施工程救援任务后，它才能充分发挥作用，因此这也是一个大胆的解决方案。

大气畸变

地面望远镜必须透过地球大气层观测恒星，但气体和灰尘会吸收光线，并造成光波干扰，导致望远镜分辨率受限。空气气层移动造成的大气畸变，是恒星看上去总在闪烁的原因。将望远镜架设在干燥地区的山顶，可在一定程度上解决这一问题，但将望远镜放置于太空中，实际上是更好的解决方案。

聚光能力

哈勃望远镜的运行轨道在地球表面上空353英里处，它采用了一个口径为94.5英寸的主反射镜，能够收集到的光线远远多于在地球上收集到的光线。

卡塞格伦反射镜

哈勃望远镜是一种被称为"卡塞格伦反射镜"的望远镜，其中的主镜被用于收集光线，并将光线反射到副镜上，副镜再将光线聚集并反射至探测仪器。这些仪器位于主镜的后方，因此副镜反射的光线需要通过主镜正中心的小孔。

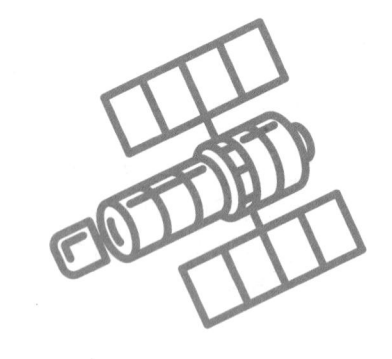

失焦

哈勃望远镜刚刚被部署完成不久后，便暴露出了严重问题——反射镜存在一个被忽视的缺陷，即"球面像差"。这意味着，光线无法被正确聚焦在检测仪器上。幸好，哈勃望远镜经过专门设计，可以进行修复和升级。1993年，航天飞机上的宇航员为哈勃望远镜安装了一个修补装置。而在此后的多次任务中，宇航员又陆续将探测仪器升级和更换并进行了其他维修工作，从而极大地延长了望远镜的使用寿命。

国际空间站

国际空间站是人类有史以来建造的最大空间站，是真正意义上的跨国工程合作的成果。

多用途

国际空间站需要提供**生活空间**、**生命支持**、**工作空间**并容纳**科学设备**，需要具备**用于发电的太阳能电池帆板**和**太空对接装置**。太空对接装置可以使载人飞船和货运飞船与空间站对接，并通过增加新的太空舱达到扩展目的。

水电供应

总面积**超过半英亩的大型太阳能电池帆板**可以提供**84千瓦的电力**。机组成员可借助**水再生系统**使废水得到**循环利用**，但空间站每天需要的**供水量为1/3加仑**，人们仍要将这些水从地球运送上去。

"高大上"住宅

国际空间站非常大，其**面积与美式橄榄球场相当**。与一套六卧住宅相比，它拥有**更多的生活和工作空间**，还具备各种便利设施，如**六个寝室、两个盥洗室、一个健身房和一个360度全景凸窗**。它还有**十五个密封增压舱**，如实验舱、生活舱、对接舱、气闸舱和节点舱等，最多可容纳七名宇航员。

移动的家

国际空间站每**90分钟环绕地球一周**，其运行速度可达每秒**5英里**。**每天**，它要绕地球**16周**，相当于经历**16次日出和16次日落**。

幕后英雄

尽管乘员舱和科学舱包揽了所有荣耀桂冠，可以说，国际空间站中的某些最不引人注目的"角色"却发挥着最重要的作用。这其中之一，便是被称为"**卡南达姆2号**"的长达**55英尺的机械臂**。它具有**七个关节、两只"手"**（又称"末端操作器"），**最大有效载荷为125吨**，可用于搬移舱室、实验舱、宇航员。另一个重要的"角色"，便是**整体桁架结构**，它相当于**国际空间站的"脊梁"**，大多数**太阳能电池帆板**都被安装固定在上面。

国际空间站的相关统计数字

质量	861804磅
长度	240英尺
宽度（含桁架，并展开电池板）	356英尺
高度（最低点-最高点，电池板前后）	66英尺
可居住空间大小	13696立方英尺

航空航天技术与军备

未来武器

从古人类将石头制成武器开始，工程技术的优劣便一直是军事实力的首要影响因素。未来的武器正是脱胎于当今的设计。

定向能武器

自早期科幻小说时代以来，**激光和射线枪**等能源武器始终是军事工程师梦寐以求的目标。但它们也带来了令人生畏的工程挑战。**最大的问题便是能量供应问题**，具有实战效能的激光器需要卡车般大小的发电设备。尽管未来技术可以将它们缩小，以便于携带，但极高的能量密度意味着其效能更接近手榴弹，而不适合用作需以电池组供电的随身武器。

高超音速导弹

高超音速导弹的运动速度快到无法**被拦截**，因此它具有至关重要的进攻优势。但这也伴随着诸多挑战，如克服**极端加热**，提前预见高超音速状态下的空气流动特性等。对此，可以为**导弹安装防护罩或封套**，即俗称的"**弹托**"，它们在导弹发射后会自行脱落。

新武器，老问题

激光和**电磁轨道炮**（利用**磁悬浮原理将导弹加速至非常高的动能水平**）等尖端技术，仍面临着**炮管过热**和**磨损**等传统挑战。例如，**现有的电磁轨道炮发射器在仅仅打出几枚炮弹后就会报废**。

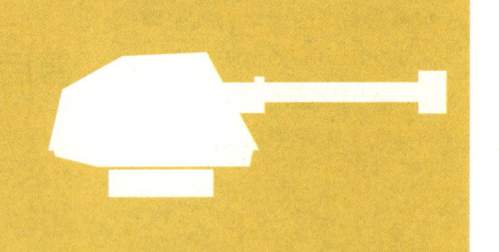

灵巧炸弹

精确制导弹药，又名"灵巧炸弹"，可**使大炮和炸弹的精度得到极大提升**，因此在政治上更容易被接受，但同时也**增加了成本**。军事工程师现在寄希望于开发出能够**加装到现有军械上**的简单、可靠、可转换的制导机构，以此达到**节省资金**的目的。

埃隆·马斯克

于南非出生的埃隆·马斯克是当代最引人注目、最富有远见的工程师。他大胆地探索颠覆传统产业的路径,并取得了革命性的成果。

无所畏惧

马斯克敢于直面巨大的工业挑战与商业挑战,并且坚信只要对工程技术进行巧妙应用,就可以使**与众不同的思路和方法**变得**可行而又经济**。这一理念使**汽车制造**、**宇宙飞行**和**隧道挖掘**等行业发生了彻底的改变。

造车梦

马斯克认为,应对**气候变化**的关键技术包括**交通运输业的快速电气化**、**电池储能容量的大幅扩增和可再生能源发电**。为了实现自己的**电动汽车**之梦,他决心打造一款以**长电池续航里程**为主打功能的**电动汽车**。他最先推出的**一款高端车型**,**为其后续的扩张提供了资金**。如今,他已成功地将**特斯拉汽车公司塑造成为一家面向大众市场的汽车制造商**,并成了**许多传统汽车巨头竞相仿效**的对象。

超级工厂

马斯克梦想在**电动汽车**等**技术领域**取得**颠覆性的突破**,而"**买得起**"是其梦想成真的关键因素之一,这就需要**扩大经营**以实现**规模效益**。为此,他大力推动**大规模生产设施**(他将其称为"超级工厂")的建设,以**降低电池和汽车的单价**。

可重复使用的太空船

为了降低高昂的**航天发射**成本,马斯克决心研制**可重复使用的太空船**,并且成功率先开发出极具挑战性的**软着陆技术**。他的公司还借助**快速成形技术**和**先进测试技术**,可在短时间内获得工程效益。

火星任务

为了实现**移民火星**的梦想,马斯克制定了一个**任务架构**,意图利用**可重复使用的太空船**形成**快速而廉价的发射节奏**,将大量人员从地球送入轨道,从而实现**在轨道上打造火星宇宙飞船或舰队**的目标。

太空电梯

逃离地球引力的束缚是需要付出代价的，而太空电梯就是解决这一问题的终极工程学方法，它是将简单科学原理与科幻素材相结合的产物。

绳球

构想中的**太空电梯**，是一座**从地球表面通往太空轨道的永久"桥梁"**，而这与绳球游戏的原理如出一辙。在游戏中，**缆绳末端的球绕着柱子的顶端旋转**。假设球在外太空，而缆绳的另一端位于地球，那么**球沿轨道运动时就会将缆绳绷紧**。打造太空电梯的目的，就是希望借助某种**移动平台**顺着这条紧绷的"缆绳"上下穿梭。

配重和缆绳

太空电梯由一个**配重**和一根缆绳组成。配重被发射到太空后，最终停留在**赤道上方约六万英里的地球同步轨道**上，与其相连的**缆绳**一直向下延伸至赤道上的一个**锚点**（可能在**大洋之中**）。沿缆绳上下穿梭的**移动平台**，可前往轨道上的**空间站**。

挑战

实现太空电梯构想的最大"拦路虎"包括**主缆绳材料的选择问题**，以及**太空垃圾有可能将缆绳切断**的问题。

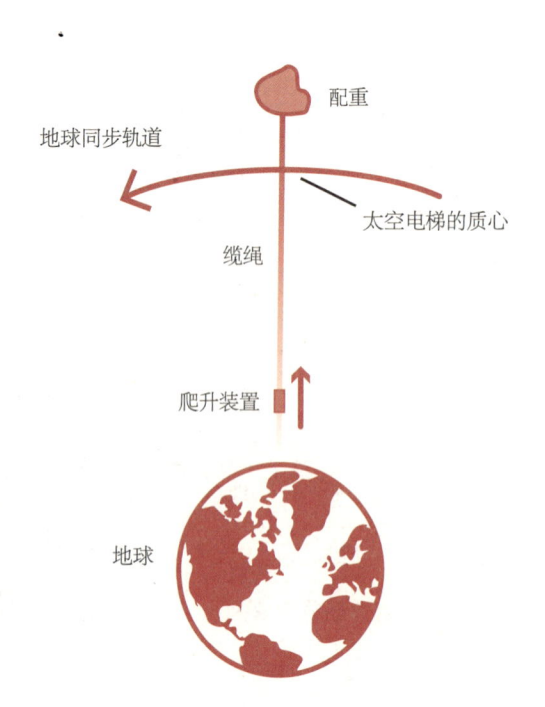

碳纳米管"太空纽带"

太空电梯主缆绳所需的制造材料不仅要非常坚固，而且必须**质地轻盈**，否则它将**被自身的巨大重量压垮**。目前，这种材料尚不存在，但在将来可能有望用**碳纳米管**来制作"太空纽带"（也可能采用一根**伸展长度相当于电梯全程高度的单层纳米管编织带**）。

工程学家养成计划

戴森球

工程学有何局限性？工程师可以走多远？高级文明可以创造怎样的奇迹？人们可以重新设计并建造整个太阳系吗？

浪费的能源

太阳以**辐射**的形式将大量**能量释放到太空**中，而其中只有一小部分能到达地球表面。1960年，富有远见的工程师**弗里曼·戴森**提出，假设一个高级文明试图利用恒星产生的所有恒星能，那么他们获取**恒星能**的方式就会具有一定的逻辑必然性，即利用**可收集或反射恒星能的材料将恒星完全包裹起来**，而这样一个巨型的天体结构就被称为"**戴森球**"或"**戴森壳**"。

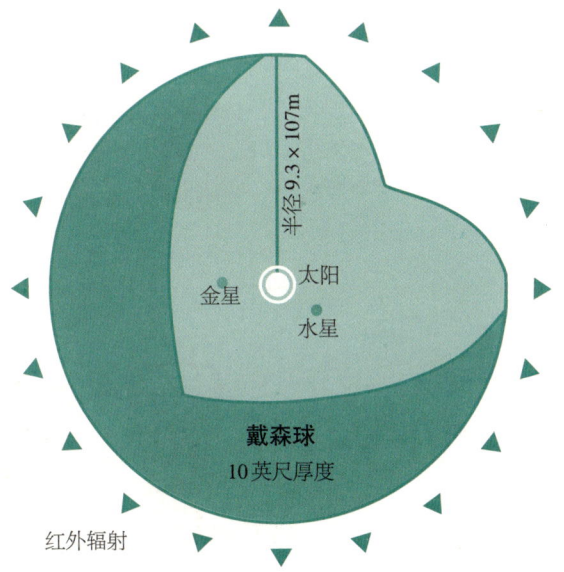

戴森环

戴森本人认识到，由于**固体潮汐应力**的作用，设计并构建**实体的固体材料壳**在**物理上并不具有可行性**。但他提议，应该构建一个由**各自沿轨道独立运行的太阳能电池阵列**组成的**虚拟壳**。首先，建成**环绕恒星的若干环状结构**，然后逐渐增加，**直至将恒星完全覆盖**。

外星人标记

戴森提出，戴森球的概念可作为一种探寻**先进外星文明的"光源标志"**的手段。他认为，任何存续时间足够长的文明最终都会创造出这样的**巨型结构**，以满足其能源需求。人们可以通过天文望远镜根据**戴森球的红外线特征进行寻找**，进而**发现外星人超级工程的存在**。

半径 9.3×10^7m

太阳
金星
水星

戴森球
10英尺厚度

红外辐射

"拆解"行星

有人认为，建造"戴森球"的材料要通过**拆解整个月球或行星**来获得。而在未来，人类可能会利用**水星上的铁和氧**，进而创造出**一层由赤铁矿构成的反射体**。

静电发生装置

在围绕电的存在和性质进行的早期科学探究活动中，工程学起到了关键作用。人们发明出千奇百怪的机器装置，只为产生更加强大的静电荷。

琥珀摩擦起电

古代世界的人们总将**电现象**与**摩擦琥珀**（树脂化石）产生的**静电效应**联系在一起。希腊人称这种现象为"electrum"，这便是17世纪的哲学家提出的"电"（electric）一词的词源。摩擦可让琥珀带电，从而**发光并产生火花**。

发电的小球

德国发明家**奥托·冯·居里克**将硫黄球放在一个木质杯状物中，发现硫黄球**可在其中旋转**，从而以此打造出了第一台"量身定制"的静电发生器。用手与硫黄球摩擦便可产生静电荷，而静电荷可**产生火花甚至形成电击**。

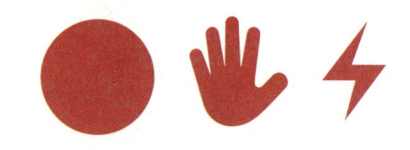

啤酒杯静电发生器

后来有人发现，**玻璃圆罩**产生静电的效果与硫黄相似。据此，**约翰·海因里希·温克勒**设计了一种用**踏板驱动的旋转机械装置**，它可**带动玻璃制品贴着摩擦面旋转**，从而产生**静电**。温克勒发现，在所有玻璃制品中，**啤酒杯**是最合适的静电发生器。

放电之吻

这种装置产生的静电荷**既可被用于研究也可被用于娱乐**。在18世纪的法国，"放电之吻"是一种**流行于沙龙的消遣方式**。它的玩法是，一位年轻的女士利用静电发生器让自己带电，当她与人亲吻时**再将静电释放**，而这时，这个吻便会给人带来刺痛感。

莱顿瓶

电容器的雏形——莱顿瓶，是电气工程学的早期成果之一。

电流体

18世纪，科学家仍在**为理解电的本质而不断探索**。当时，人们认为电是某种看不见的**液体或蒸气**，即**"电气素"**。

液体储存

至少两名欧洲科学家独立得出了同样的结论：瓶子便是适合存放"电液"的地方。**静电发生器产生的电荷可通过电线被送入装有一部分水的瓶中**。然而，当荷兰莱顿大学的**彼得勒斯·凡·穆申布洛克**用这种方式给瓶子充电，接着又**将充电线断开时**，却遭受了一次强烈的**电击**。因此，他告诉一位同事，就算给他整个法兰西王国，他也不愿再经历类似的事情。

更好的瓶子

进一步的实验表明，在**不装水的情况下**，瓶子的**储电效果更好**。而当玻璃瓶的内壁和外壁都**覆上金属箔片**时，其储电效果甚至比不装水的瓶子更好。

富兰克林方块

本杰明·富兰克林将玻璃瓶简化为一块**两边贴有金属箔纸的玻璃板**，即**"富兰克林方块"**。此后，**他甚至去掉了玻璃板**。

现代电容器

现代电容器（储存电荷的装置）由**两个带电荷的极板和将它们从中间隔开的绝缘材料**组成。从原理上讲，它们与莱顿瓶或"富兰克林方块"并无二致。例如，"富兰克林方块"由导电金属箔片和将其隔开的绝缘玻璃构成。

危险！高压电！

莱顿瓶确实存在**致命危险**。一个容量仅为1/8加仑的瓶子带来的**电击，可能足以致命**。

电气工程与计算机

125

伏打电堆

　　这是电气工程史上的一个里程碑式的时刻——将奇妙现象转变为早期的持续供电技术，人们从此开启了科学新世界的大门。

加尔瓦尼的青蛙试验

通过对**死亡青蛙的腿部**进行的著名解剖实验，**路易吉·加尔瓦尼**得以证明，**电刺激**可让蛙腿发生痉挛。加尔瓦尼在实验中使用了由**多种金属制成的钩子**。

学术争议

加尔瓦尼和亚历山德罗·伏打对于引起青蛙腿部痉挛的电刺激的来源存有争议。加尔瓦尼认为电刺激由动物组织内生，但伏打认为电刺激来自外部，而青蛙不过充当了检电器的角色。伏打想制作一个不包含动物组织的无机模型，以证明他的观点。

双金属接触电势

伏打曾反复在自己身上进行一个实验，该实验使他得知，**将两种不同的金属放在自己的舌头上会产生刺痛的感觉和奇怪的味道**。这是因为，**异种金属在接触时会产生电**，而舌头上的**唾液**为**导电介质**，这一现象被称为**"接触电势"**。

打造电堆

为了打造一个能够反映这一过程的模型，伏打**将银片和锌片交替叠放在一起，其间隔放置着经过盐水浸渍的硬纸片**。每个银片–纸片–锌片所构成的"单体"仅能产生微弱的电流，但它们被叠放成一堆后，便能产生大小可观的电流。由此，伏打发明了**第一个电池**。

金属等级

同其他的优秀工程师一样，伏打尝试改进他的发明。研究表明，**不同金属的混搭可产生更大的电流**。他很快就用铜代替了更昂贵却更低效的银。

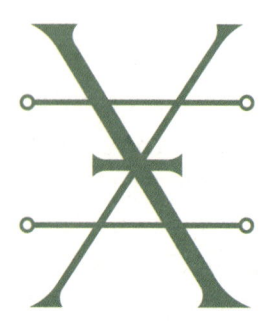

早期的电灯

直到18世纪末，照明技术都鲜有改变，但当时的工程师已着手对照明系统加以改良。他们首先借助燃烧技术，然后又将目光投向了电气技术。

光与热

若想改良照明系统，工程师就必须考虑两个重要因素：**发光材料能够达到的温度**（更高温度通常意味着更多光能）；将**燃料转化为光能的效率**。电学将会对这二者产生**彻底变革**。

空心灯芯

1784年，在**电灯出现之前**，就出现了一个借助工程学理论改造照明工具的经典实例。瑞士人艾梅·阿尔冈获得了一种带圆形灯芯的煤油灯的专利，这种煤油灯可**使空气进入灯芯内部**，产生较大的灯焰，增加亮度。

散热器

煤气灯也是与之类似的设计，不过它采用展焰器使燃气散开。但展焰器中的金属会带走热量，因此会导致火焰降温的问题。而在利用**不导热**的皂石制作展焰器后，这一问题便得到了解决。

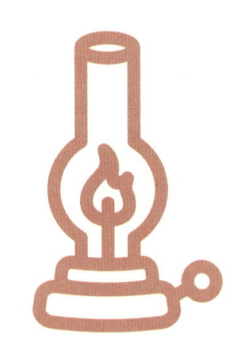

电弧

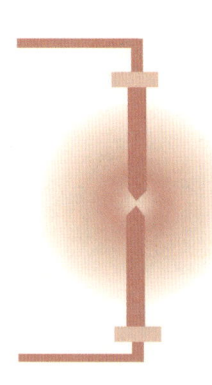

电池的出现解决了**电力供应**问题。英国科学家**汉弗莱·戴维**向人们说明，**两个碳极之间可形成一道"电火花带"**。这种被称为"电弧"的电火花发出的光比以往人们见到的任何电光都更加明亮。

燃烧的碳棒

弧光灯存在的问题是，**碳极棒在工作时会逐渐被燃烧、损耗**，因此人们需要不断地将其距离拉近。针对这一问题，有史以来的**首个自动电控装置**——机电调节器应运而生，它可根据电流或电压变化，缩小碳棒间的距离。

电气工程与计算机

电阻器

　　电阻器是当今各种电路的重要组成部分，它的出现可追溯至19世纪20年代德国科学家乔治·欧姆进行的研究。

遇到阻力

18世纪，进行电学实验的研究者注意到，**有些材料**具有**很高的导电性**，而**有些材料则可使人免受电击**。另外，他们还注意到，电介质中流动的电（现在被称为**"电流"**）有时会**遇到阻力**。

什么是电阻

电阻是指**某种导体材料阻碍电流通过**，并将**电能转换成热能**的作用。

欧姆定律

欧姆以当时所谓的"电链"（电路）为对象，进行了他的**导电性**实验，希望**对导电材料的特性做出准确的数学描述**。他成功证明，**电阻与电路中的电压和电流成一定比例关系**。这就是现在人们所说的"欧姆定律"，而电阻则以"欧姆"为计量单位。

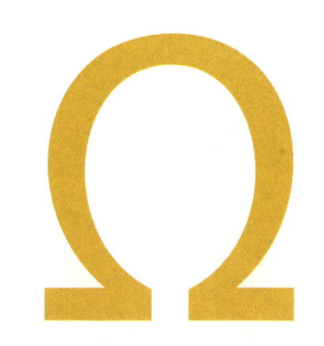

电阻器不可或缺的地位

电阻器是最常见的电子电路组件之一，其作用为**降低**并**限制电压**、**将电压分流**，以达到**保护组件**、塑造**适用**的电波波形的目的。

电阻器类型

最常见的一类电阻器是**碳质电阻器**，它是**将碳颗粒与陶瓷灰浆混合**后制成的。其他类别的电阻器包括**绕线电阻器和薄膜电阻器**。而根据阻值可变与否，电阻器又可被分为**定值电阻器**和**可变电阻器**。

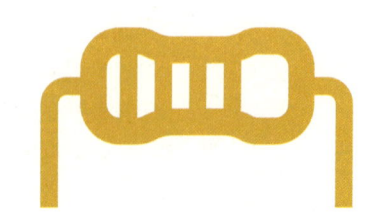

发 电 机

尽管伏打电池可以提供持续的电流，但电力在当时仍属于"稀罕物"，且几乎派不上实际用场。直到电与磁之间的联系被发现，这一情况才被彻底改变。

"躁动"的指针

1820年，丹麦科学家**汉斯·克里斯蒂安·厄斯特**证明，当**电流流过一根电线时**，有可能会使罗盘仪的磁针偏转。

电磁感应

1831年，英国科学家**迈克尔·法拉第**进行了一项演示：**移动一根电线，使其经过一块磁铁时，电线中会产生电流**。显然，电和磁是**电磁**的两面。

电流计

电磁感应在实际应用中的**最早成果之一**，是一台简易电流测量装置。人们可利用这一装置根据其指针发生磁偏转的幅度，测出电流的强度。精确的电气测量能力，使电磁领域"改头换面"。

法拉第盘

法拉第很快便造出了**第一台发电机**。它由一块 U 形磁铁和在磁铁两臂之间旋转的铜圆盘组成。其他发电机在不久后也相继问世，但它们的发明者却发现，发电机最终**产生的是交流电**。这是因为，**磁极相反的磁体产生的是方向相反的电流**。

换向器

为了**将交流电转换为直流电**，法国工程师**希波吕特·皮克西**发明了**换向器（整流子）**。换向器可**使其中一个方向的电流反转**，从而形成直流电。因此，带有换向器的发电机也被称为**"直流发电机"**。

电镀

发电机现已能够直接提供**可利用的电流**。而它**最早的工业应用之一**是**电镀**，即借助电流**将一层薄薄的贵重金属（如银、金）沉积到相对廉价的金属表面**。

电　报

电报是电的"杀手锏"应用，它的出现造就了一个全新的行业，并引发了电气工程技术的爆炸式增长。

旗语信号

历史上**最早的远程通信系统**采用的是光信号，比如拿破仑采用的**信号旗旗语系统**，或**英国皇家海军**采用的百叶窗式信号灯系统。但是这些系统都存在着**很大的缺陷**：它们只**能在天气良好的白天使用**。

现代思维

电池的发明确保了**电流供应**，**厄斯特**发现电流可以**使磁针偏转**。这表明，构建**电气化信号系统**的条件已经具备。

"双轨"模式

1837年，英国发明家**威廉·库克**和**查尔斯·惠斯通**为他们发明的**五针式字母电报系统**申请了专利。1839年，该系统被纳入**"大西部铁路"**中的一段长达12英里的线路中。**从此，铁路和电报变得密不可分。**

摩尔斯电码

塞缪尔·摩尔斯是一位美国艺术家和发明家，他在了解到**欧洲电气技术的进展**后，萌生了建设**电报系统**的想法。为此，他设计了一套**二进制码**，并与合伙人发明了可**传输代码**的**摩尔斯电键**。1844年，他在**美国**发出了第**一条电报**，内容为：上帝创造了何等奇迹！

海底电缆

电缆随着铺设距离的增加，很快便延伸到了世界各地，这其中包括了**跨大西洋电缆**。然而，由于电缆设计不良与人们对电气科学的误解，最初的几次尝试均以失败告终。在苏格兰科学家和电气工程师**威廉·汤普森**接手该项目后，跨大西洋电缆终于铺设成功。

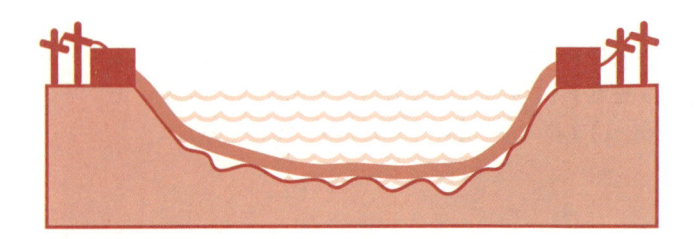

工程学家养成计划

西门子自励式发电机

1866年，德国工程巨匠维尔纳·西门子（1816—1892）发明了自励式发电机，它带来了一项可将机械能转化为高功率电能的重要技术。

功率不足

在**法拉第发现电磁感应**后的30多年内，**发电机**（产生直流电的电机）一直**不够可靠且功率不足**。为了形成感应**磁场**，直流电机使用的磁体为**永磁体**。但即使是**质量很大**的永磁体也只能产生**较弱的电流**（一个重达4400磅的磁体的发电功率仅为700瓦），且磁体十分**容易**因电机的振动而**消磁**。

自供电

德国工程师维尔纳·西门子曾经**对电报机**的**电磁装置进行过改良**，之后他又决心要对发电机进行改良。他知道**电磁体**（通过让**电流**流过**线圈**而得到的磁体）的**功率**可能相当高，于是**创造了一种构思巧妙的发电机**，它可利用本身输出的电力形成自己的磁场。

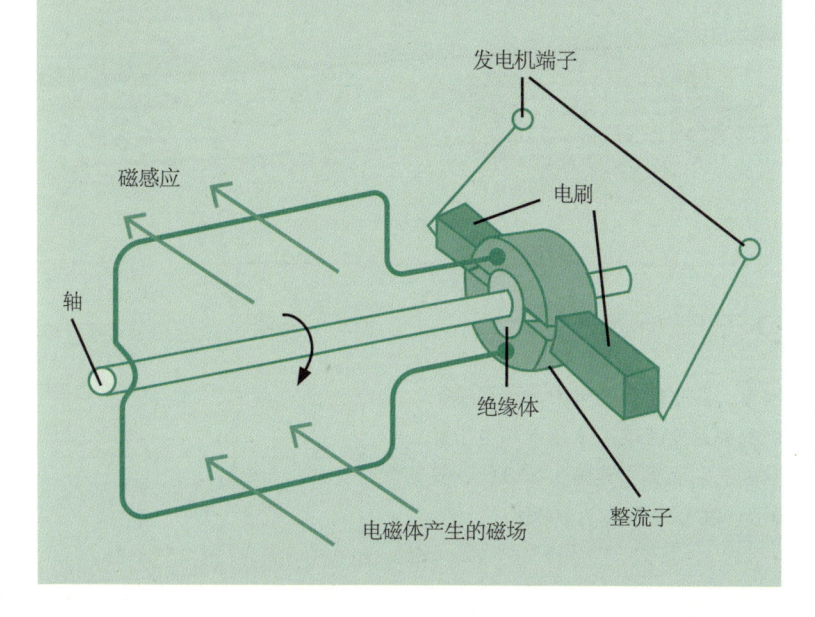

发电机端子
磁感应
轴
电刷
绝缘体
整流子
电磁体产生的磁场

自励原理

但是，既然**电机**的电磁体要靠装置自身输出的**电力发挥作用**，而电力输出又由装置的磁性决定，那么电机发电效应是如何产生的呢？西门子证明，电磁体中的铁残留的磁性，足以启动电机工作，而这是通过自举效应（西门子称为"自励"或"电机发电原理"）实现的。

电磁体

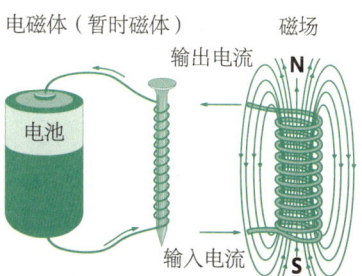

电磁体（暂时磁体）
磁场
输出电流
电池
输入电流

直流电 vs 交流电

在直流电推广者托马斯·爱迪生与交流电的倡导者乔治·威斯汀豪斯之间爆发的"电流大战"中,后者最终胜出。如今,几乎世界上的每座建筑物都采用交流电形式供电。

工程学家养成计划

- **19世纪之前** 静电是唯一能被制造出来并加以研究的电的形式。
- **1799年** 亚历山德罗·伏打发明了可以产生直流电(方向固定不变的电流)的电池。
- **1805年** 汉弗莱·戴维发明了弧光灯。
- **1879年** 约瑟夫·威尔逊·斯旺向世人展示了第一只白炽灯泡。
- **1883年** 美国发明家托马斯·阿尔瓦·爱迪生成立了一家合伙企业——爱迪生-斯旺联合电灯有限公司。
- **1889年** 爱迪生利用交流电为第一台电椅供电,但其意在证明交流电具有危险性,可用于处决犯人。

电流之战

在纽约市的**街道照明工程**中,**爱迪生采用了直流电**,而**乔治·威斯汀豪斯采用的是交流电**(电流以一种急剧波动的方式来回变换方向)。两人始于1886年的竞争到了1888年更是演变成一场**声势浩大的媒体战**,在当时被称为**"电流之战"**。

涡轮发电机

涡轮机可产生交流电,而变压器可为电流增压,从而形成**远程传输效率明显更高的高压电**。

供电干线

位于供电线路**另一端的另一台变压器可将电压逐步递降**。但有人声称,**高压电的存在对公众构成了危险**。

交流电标准

当今,几乎所有的电力分配系统采用的都是交流电。**家用电源**电压标准因**国别而异:英国**为230伏,美国为120伏,日本为100伏。

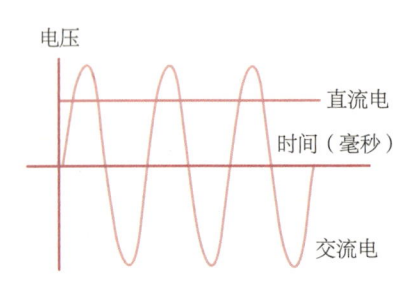

电压 — 直流电 — 时间(毫秒) — 交流电

132

灯 泡

作为一项具有里程碑意义的技术，灯泡（实际上称其为"白炽灯泡"更准确）是电气工程取得的非凡成就，更是电气时代来临的标志。

刺目强光

在19世纪70年代，弧光灯已经被广泛普及，但人们**在家中和室内使用**时，发现它们的**光线太过刺眼**。美国发明家**托马斯·爱迪生**下定决心要发明出他所说的**"光线柔和的电灯"**，而很多人也抱有类似的想法。

热电阻丝

电阻现象意味着，很多材料都可**将电能转化为热能**。用这类材料制作的**电线**会**不断变热直至发光**。显然，如果能**阻止材料被烧毁**，那么它就可以构成**照明系统**的基础。

电阻丝与灯泡

灯泡的发明须具备两个前提条件：可以**反复加热至白热化的电阻丝材料**；将材料**密封在真空玻璃容器（灯泡）内**的方法。19世纪70年代中期，**水银真空泵**的出现意味着第二个条件已经具备。

合适的碳材料

很多发明家都将灯泡的发明作为一项重要事业，这其中最著名的有美国人**托马斯·爱迪生**和**希拉姆·马克沁**、英国人**约瑟夫·斯旺**和**圣乔治·莱恩·福克斯-皮特**。他们都认为碳是制作灯丝的最佳材料，但他们使用材料的来源千差万别：

爱迪生：
竹子

莱恩·福克斯-皮特：
草

斯旺：
棉花

马克沁：
纸

更好的灯泡

此后，灯丝开始采用**高熔点金属材料**（如**锇和钽**），直到1911年人们才开始使用**钨**。在真空灯泡中添加**卤素气体**可**减弱钨的汽化**，从而**延长灯丝寿命**。

电气工程与计算机

电　话

电报机的问世促使很多人开始思考一个问题：如何通过电线传播声音信号？在这一领域取得瞩目成就的，当属亚历山大·格雷厄姆·贝尔。

谐波电报

亚历山大·格雷厄姆·贝尔是一名**声乐生理学教授**，他凭借自己在**声波**领域的专业知识，开始致力于**电波**的研究。具体而言，他发明了谐波电报：一种将**多个电信号以不同频率通过同一条电线发送出去**的技术。

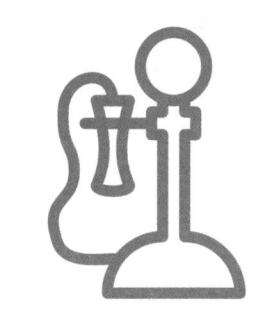

电话基本要素

要让电话切实可用，一种能够**将声音信号转化为电信号**，再将**电信号重新转化成声音信号**的手段必不可少。此外，还必须找到一种适当方法，**将信号通过电线传送出去**，而同时允许**其他信号沿相反方向传送回来**。

混合信号

在研究谐波电报时，贝尔清楚地听到了**通过电报机传输的声音**。他意识到，**这项技术对**电线中的**电波频率和振幅兼具调节效果，因而不仅可以传输声音**，也可**传递语音**。这种技术使得信号的双工（双向）**传输**成为可能。

电话基本原理

当时的标准电话技术为，在**装有碳粒的杯形话筒覆盖一层隔膜，用它将语音转换为电信号**。声波**压迫隔膜，使碳粒密度发生变化**，从而**改变通过话筒的电流强度**。另一端**受话器**的工作流程刚好相反，同样利用隔膜传声，但不同的是**隔膜振动是电磁体作用**的结果，而电磁体本身又是**由输入的电信号控制**的。

专利之争

1876年，贝尔向美国专利局申请了电话专利。但仅数小时后，发明家**伊莱沙·格雷**也提出了类似申请。自那时便有传言，**专利局内部发生了不可告人的交易**。最终，贝尔买下格雷公司的股权。

留声机

托马斯·爱迪生最钟爱的发明是留声机,这是一种可录音和放音的设备,它为唱片业开启了大门。

灯烟黑录音

自19世纪初期以来,许多发明者就一直在利用**声波**的**振动特性**对其**进行记录**。当时普遍采用的一种介质是**涂在纸**或**其他基质**(通常缠绕在一个圆柱体上)表面的**一层薄薄的积炭**(俗称**"灯烟黑"**)。当圆柱体旋转时,其上方的**针状物**便会**随声音的振动**在灯烟黑中"描绘"出特定的图形。

电报机的分支

正如当时电子工程学取得的诸多进步一样,**留声机的发明是从电报机研究这一主干的分支上结出的果实**。

无心的留言

1876年,**爱迪生**正在致力于研究**记录电报信息**的方法。他的探究思路是:**利用针尖将电脉冲转化成纸、箔片或蜡筒上的刮痕**。他甚至用这种方法记录了**电话传输**的内容,而让他惊奇的是,在**将针尖下方的记录纸反向抽拉**时,原声竟然得到了依稀再现。

爱迪生的留声机

爱迪生没有放过这个机会,他带领团队开始进行留声机的研发,并于1877年制造出了一款**实用型产品**。这台留声机利用**包裹在圆柱体上的箔片**(后被换成蜡筒)记录唱针划下的凹痕,并利用喇叭来放大录音。爱迪生利用这一发明为整个唱片产业的发展铺平了道路。

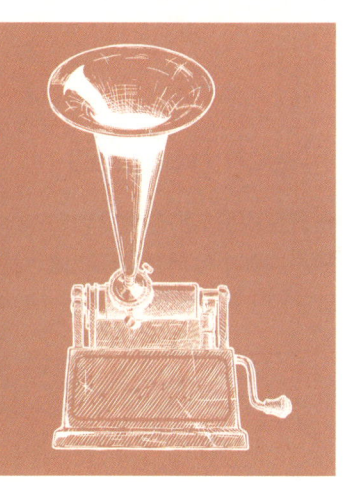

唱片机

1888年,德国发明家**爱米尔·贝利纳**为一种类似于留声机的装置申请了专利。该装置利用唱片而不是蜡筒记录声音,而唱片**更便于复制和保管**。但因为**爱迪生拥有"留声机"这一名称权**,所以贝利纳将他发明的设备称为"唱片机"。

尼古拉·特斯拉

特斯拉可能是有史以来最伟大的电气工程师，他富有远见，但性格古怪、言行乖张。

来到美国

尼古拉·特斯拉是塞尔维亚人。1856年，他**出生于**现在的**克罗地亚**，后来**移民到美国**，并**在那里度过了人生中的大部分时光**。

蜚声海外的发明

特斯拉因众多**发明和成就**而闻名，这包括他设计的**多相感应电动机**、**尼亚加拉大瀑布水电站**、**特斯拉线圈**、**无叶片涡轮机**和**无线遥控系统**。

异想天开的计划

特斯拉构想出的很多计划和理念从未被实现过，或许永远都无法被实现。这其中包括建造环绕地球轨道计划、可摧毁远距离目标的谐振装置、粒子束"死光"、无线能量传输及同其他星球建立联系。

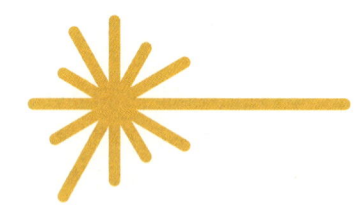

科学怪人

特斯拉饱受各种**奇怪的恐惧症和强迫症**的困扰。他很**怕脏**，要求**餐具必须经过消毒**；**珍珠耳环和别人的头发会令他感到恶心**；他做的任何事都要与**三的倍数有关**；他甚至还**爱上了一只鸽子**。

多相感应电动机

尼古拉·特斯拉设计的多相电动机是电气工程机械的精美典范之一，它为电气工业体系的构建奠定了基础。

何为多相

多相感应电动机的运行电流是**两个或两个以上**的异相**交流电**，可利用**电磁感应驱动电动机**。

隐患重重的电刷

特斯拉在观看一台**格拉姆直流电动机**的演示后，便有了发明多相电动机的想法。为把交流电转化成直流电，格拉姆电机采用了**换向器电刷**（金属电刷无须固定也可导电连接，从而让转子能够自由旋转）。但电刷存在不少缺点，例如，容易形成**火花**、**灰尘**、**电弧**，需要人们对其进行调整和更换，且**总体效率低下**。

使用交流电

换向器必不可少，这是人们能够想出的让交流电电动机单向运行的唯一办法。交流电的**电流**不仅会在一秒内多次反转方向，还会呈现峰谷交替的波形，因此无法实现连续供电。

此消彼长

特斯拉意识到，采用**多相交流电**进行供电的好处在于，当**其中某一相电流减弱**时，**另一相电流将会增加**，这样就能达到**连续供电**的目的。

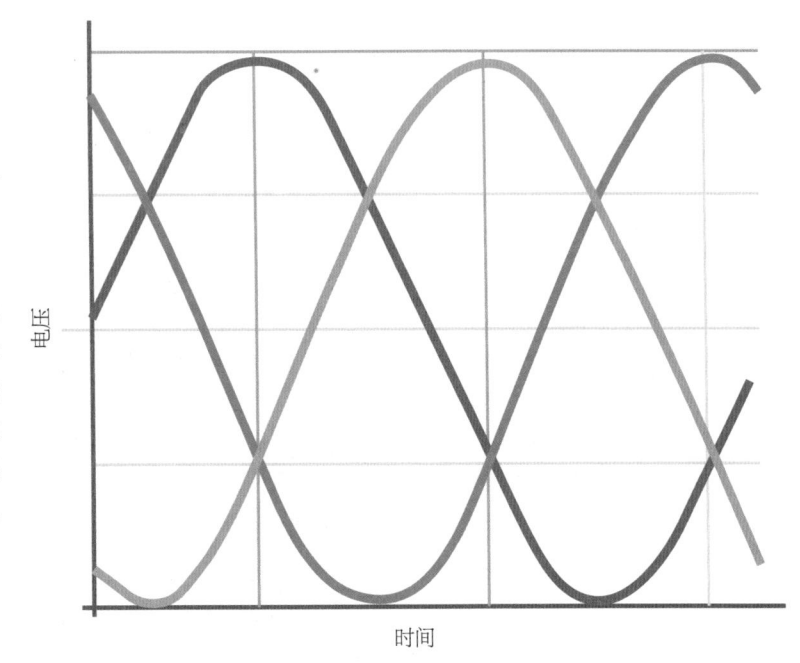

追着尾巴跑

他设计的多相电动机的**旋转电枢**或**转子**周围套着一个定子环，电磁体以一定间隔排列在定子环上。交流电流经过相位调整，可形成始终环绕定子环的磁场，从而拖动转子紧咬磁场旋转——这就产生了电动机的旋转动力。

发 电

如今，整个世界的运行都依托于由一座座相互连接的发电站组成的电网，而发电站最早的雏形其实是1882年纽约市的一个街区。

终极电力

发电机可**将其他形式的能转化为电能**。大多数发电机都利用**涡轮机**使电线在**磁场**中旋转以实现发电，而其所需**动能**的来源千差万别。例如，**水力发电**利用的是**流水和落水**；**蒸汽轮机**从**矿物燃料**（如**煤**或**天然气**）的燃烧或**核能**、**地热能**、**太阳能**中吸收能量，从而将水加热成蒸汽，其他的能量来源则包括**风能**和**波浪能**。

私家电力

最早的发电机通常由**私人自用**，且往往被用于**工业领域**。例如，1879年，位于**纽约州多尔吉维尔**的一个**磨坊**就安装了**发电机**，以提供生产所需的电力。而那些存有**水力资源**的地方，显然十分适合修建电站。

爱迪生的开山之作

1882年，**爱迪生的公司**安装了最早的公共供电发电机。首个发电机"落户"伦敦，但事实证明**并不成功**。而一台安装在**曼哈顿明珠街**的发电机则实现了**为金融区周围的半个街区提供照明用电**，它已成为**未来电网样板**的方式，证明了自身的价值。

从蒸汽到电气

爱迪生设计出了一台**巨型发电机**，其绰号"**巨无霸**"取自马戏团的大象。他又将其中好几**台发电机安装在他的发电站里**，**驱动**这些发电机的，是**以煤为燃料的高速蒸汽机**。

工程学家养成计划

无线电

无线电的发明足以说明，电气工程在促成科学发现并将这些发现转化为实用技术的过程中所起的作用。

麦克斯韦

1864年，苏格兰科学家詹姆斯·克莱克·麦克斯韦从理论上证明了，振荡电流产生的电磁波是以光速传播的。

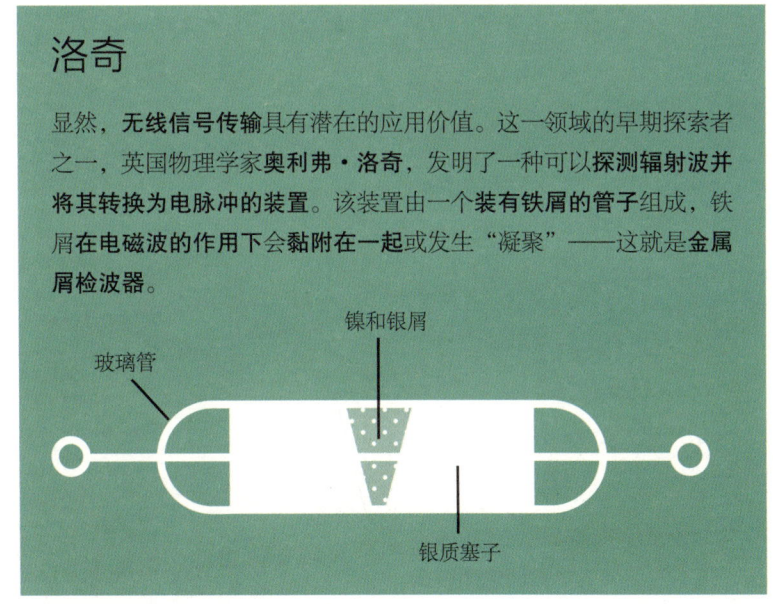

洛奇

显然，**无线信号传输**具有潜在的应用价值。这一领域的早期探索者之一，英国物理学家**奥利弗·洛奇**，发明了一种可以**探测辐射波并将其转换为电脉冲**的装置。该装置由一个装有铁屑的管子组成，铁屑在电磁波的作用下会黏附在一起或发生"凝聚"——这就是**金属屑检波器**。

- 镍和银屑
- 玻璃管
- 银质塞子

赫兹

1886年，德国物理学家海因里希·赫兹通过实验证明了电磁波的存在。他利用**两个带电金属球之间的火花间隙产生电振荡**，并在房间的另一头布置**感应线圈**，而**电磁波**可在线圈中引起**某种回波的产生**，类似于一个相同频率的嘹亮声音会引起玻璃酒杯共鸣。以这种方法产生的感应电流**在另一个火花隙之间可引发电火花**。

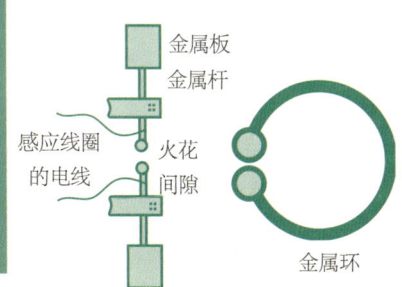

- 金属板
- 金属杆
- 感应线圈的电线
- 火花间隙
- 金属环

马可尼

年轻的意大利人、无线电技术的先驱者伽利尔摩·马可尼获悉了**赫兹**和**洛奇**的发现，开始致力于**加大无线电信号的发送距离**。他不仅找到了**提升发射机功率与接收机灵敏度**的方法，还让无线电设备变得**足够简单，令人人都能使用**。

跨大西洋无线电通信

1901年，马可尼**利用无线电从英国向北美成功发送了一条信息**，此举震惊了世界。**此后，无线电报技术就遍地开花了。**

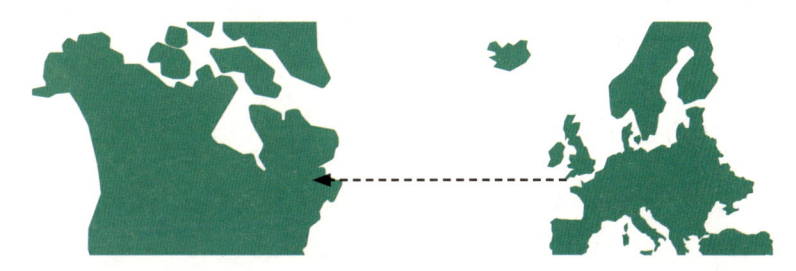

二极管

对灯泡进行的简单改造，为无线电技术带来了根本转变，并开启了电子学应用的新纪元。

爱迪生效应

爱迪生在研究灯泡时，偶然发现了**热电子发射**现象。他立即为此申请了专利，并将这种效应命名为**"爱迪生效应"**，即指受热的金属元素会释放出电子。

单向交通

爱迪生发现，如果**在灯泡内放入另一根导线**，那么加热灯丝产生的电子就可以向新的导线转移，从而引起电流流动，但前提是第二根导线要带正电荷。

弗莱明"阀"

1904年，英国电气工程师**约翰·弗莱明**认识到，这种经改进的灯泡可充当一种**只允许电流单向流动**的**"阀"**。因此，它可**将交流电转换为直流电**，而这种属性被称为**"整流"**。

无线电检波器

弗莱明与**马可尼**携手开展研究并认识到，**与金属屑检波器相比**，这种被称为**"二极管"**（因为它含有两个电极）的**"阀"**检测无线电波时的清晰度要高得多。

调幅无线电

有声广播的出现，使二极管的实用价值有增无减。因为声音信息是**以调幅信号的形式通过无线电波传输的**，而只有在经过整流后，调幅信号才能被还原为声音信号。

计算机配件

事实证明，**真空电子管对计算机技术至关重要**，因为它们可被用于制造**逻辑闸**。

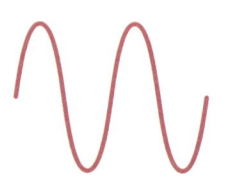

三 极 管

尽管二极管极具实用价值，但它存在功率不足的"先天缺陷"。电气工程师李·德福雷斯特对二极管只进行了较为简单的工程改良，便使其发生了彻底的蜕变。

弱信号

二极管输出电流的功率仅与输入电流相当，而无线电信号在到达接收器时**往往已经非常微弱且能量偏低**。

功率放大

1906年，德福雷斯特在二极管中又添加了**第三个电极**，从而**创造出了三极管**。这个由栅状金属丝网构成的电极就是**栅极**，栅极上的**孔洞可让电子穿过**。另外，**改变栅极的电势**，可以**大大增加从发射极到阳极的电子的流量**。因此，三极管具有**信号放大**的作用。

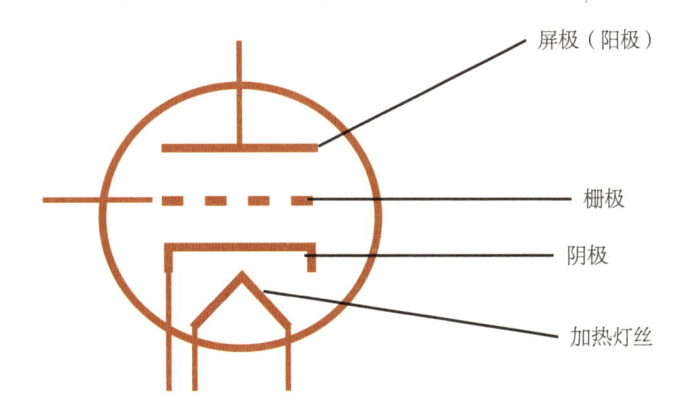

屏极（阳极）

栅极

阴极

加热灯丝

三级检波管

德福雷斯特为他发明的三极管申请了专利，并将其命名为**"三级检波管"**。但是，这种三极管存在一个问题：与其他电子管类似，它也是一个**真空管装置**，但其内部为低真空状态，即**残留微量气体**。这使它的**效能**和**可靠性都被大打折扣**。

高真空电子管

1913年，**第一个高真空电子管**问世，其**内部有着极高的真空度**。**在世界各地**，高真空电子管成了**收音机的标准配置**。随着**更多的电极被添加到电子管中，四极管甚至五极管也相继出现**。

电子管计算机

20世纪40年代，电子管技术日臻成熟，进入了**发展巅峰期**。当时，电子管被**大量应用于早期计算机的发明**，"埃尼亚克"。然而，它们很快便被**晶体管取代了**。

电视机

　　电视机是一种可记录、传输和再现动态影像的电器，发明电视机的功劳应由众多发明家共享。实际上，它是集体研究的成果。

必要条件

电视技术的四个要素为：**将光转化成电流的方法**；**将电流还原为光的方法**；**将图像分解成较小元素的扫描装置**；**放大微弱信号的方式**。

光电管和扫描转盘

1873年，人们发现**金属硒**在**光照下可产生电流**。1884年，德国发明家**保罗·尼普科**发明了一种**转盘**，上面开有**螺旋形排列的圆孔**，它能以机械方式将图像扫描成线条。要将电信号转换为光信号，强效的电力光源必不可少，而诞生于1903年的**霓虹灯**因此受到了早期发明者的青睐。**德福雷斯特**以其发明的**三极检波管**，为电视机献上了最后一块拼图。

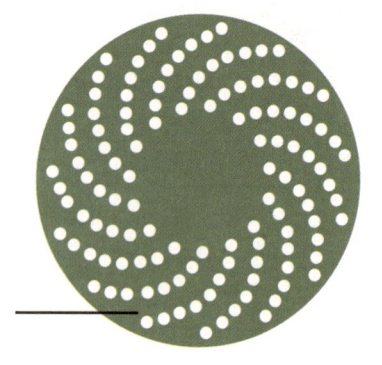

针孔

电子电视机

电子电视机最早由美国人**菲洛·法恩斯沃斯**发明，它依靠**阴极射线管**运作。阴极射线管中的**电子束**（阴极射线）可**将图像"绘制"**在磷光屏上。

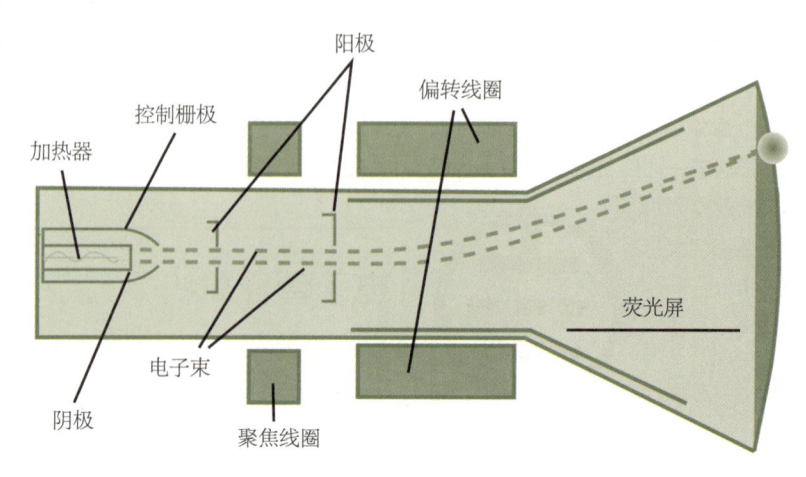

机械电视机

苏格兰发明家**约翰·洛吉·贝尔德**设计出了一台**能够进行演示的机械电视机**。"机械电视机"，顾名思义，就是一种**利用活动部件（转盘）完成图像扫描的机器**。转盘上的孔可让**源自目标物的光线**通过，光线落在感光体上并被**转换成电信号**，再通过无线电波发送到接收机。接收机一侧**投影灯的亮度会随着输入信号的强弱变化而改变**，并可通过与摄像机的转盘保持同步的**另一个转盘**显现出来。

阳极　偏转线圈　控制栅极　加热器　荧光屏　电子束　阴极　聚焦线圈

工程学家养成计划

142

雷 达

战争把工程人才推向了实际应用的前沿，促使他们将科学转化为技术，而雷达就是一个具有代表性的例子。

RA.D.A.R

雷达最早的英文名称为"RA.D.A.R"，即"无线电探测与测距"（RAdio Detection And Ranging）的首字母缩写。

无线电干扰

无线电使用者早就知道，**过往车辆会干扰无线电信号的接收**。这让人自然而然地想到，是否可以将无线电用于探测。第一台**无线电回波探测装置**于1904年获得了专利。但这项**技术尚不过关**，尤其是**无线电波长过长**而**不具备实用性**，因此无法担当重任。

回声定位

雷达的原理类似于**回声定位**：无线电波发射后，若遇到目标就会被反弹，其回波将会被检测。由于无线电波的**速度是恒定不变的**，人们可以根据时间推算出目标距离。

磁控管

20世纪30年代，利用当时的技术已经能产生**波长较短的无线电**。即便如此，**英国人在1937年研制的雷达系统的工作波长仍超过了3.3英尺**。这就意味着，这种雷达的**天线必然很大**，因此并**不利于部署**。

1940年，英国人发明了**空腔磁控管**，其可用**波长不到1英寸**，大大**提高了**雷达的**灵敏度和准确性**。

雷达的基本原理

雷达系统的基本构成包括：产生短波信号（实际上是微波而不是无线电波）的磁控管；以波束或平面波形式发射短波信号的天线；检测回波的天线（通常为同一天线）与双工器，使天线在发射机和接收机之间进行工作模式的切换；从回波中提取信息的处理器；为操作员提供可视化信息的显示装置。

1—磁控管
2—双工器
3—天线（广播）
4—天线（接收）
5—处理器
6—显示装置

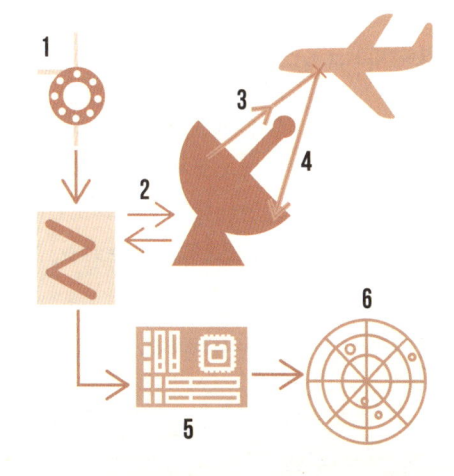

微波炉

美国工程师珀西·斯宾塞于1946年发明了微波烹饪技术,这是科学发现与机缘巧合相碰撞的经典案例。

融化的零食

斯宾塞在战争期间曾经从事**雷达**方面的工作,他不断**尝试着提高磁控管的输出功率**。磁控管是一种**利用谐振腔**(其原理类似于哨子,只不过它涉及的是电磁波而非声波)**产生微波**的装置。在一次实验过后,他发现**口袋里的能量棒被融化了**。

坚果还是巧克力

这个脍炙人口的故事衍生出了各种版本,其中都提到了巧克力能量棒。但其实,那是一条**花生能量棒**。这个细节很重要,因为**坚果能量棒的熔点要比巧克力能量棒高得多**。斯宾塞又**拿出鸡蛋进行了实验**,结果鸡蛋爆裂,蛋液溅了他一脸。

微波烹饪

微波炉的工作原理是,**让短波高频电磁辐射穿过固体或液体**。各种分子,尤其**水分子会吸收微波**,从而**快速升温**,将食物烹熟。

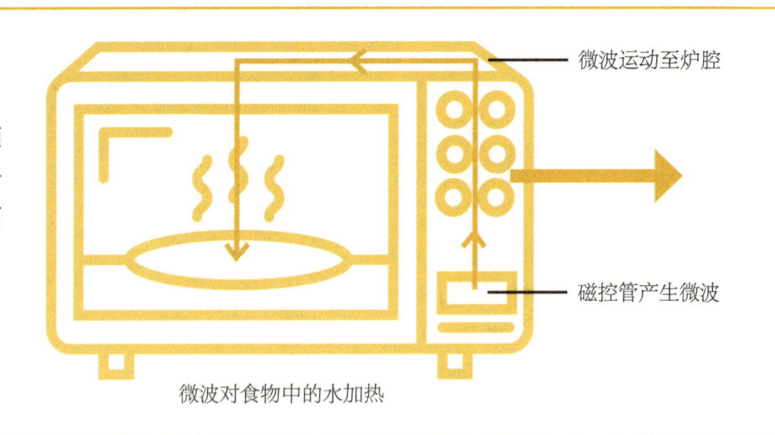

微波运动至炉腔

磁控管产生微波

微波对食物中的水加热

格栅式炉门

微波炉内有**五个接地的金属腔壁**,因此微波进行能量传递的方式类似于电荷消散的方式。第六个腔壁(炉门)被设计成颇具实用性的透明样式,而炉门装有**接地的金属网**,且**网孔孔径小于微波的波长**(通常为0.5英寸)。**可见光的波长比孔的直径更小**,因此光可以通过网孔。

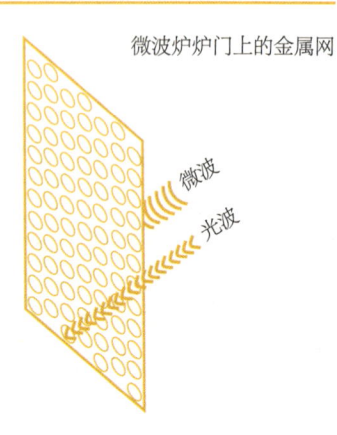

微波炉炉门上的金属网

微波
光波

晶体管

晶体管是开发微电子技术和开辟现代信息技术领域时必不可少的元件之一。

电子管替代品

电子学中的**整流原理**和**放大**原理已经通过**热离子真空管**得到了证明。但是，真空管**体积大**、**耗电高**且性能**不可靠**。如果能制造出实用的**半导体**，那么它们似乎会成为更好的替代选项。

半导体

半导体是一种**介于导体和绝缘体之间的材料**，其导电性能可根据外部因素（如外施电压）发生变化。

贝尔实验室

在人类迈入电子时代之初，美国电信巨头 AT&T 公司下属的贝尔实验室是当时首屈一指的研究机构。贝尔**完善了德福雷斯特的三极管放大器**，而让晶体管从实验室走进现实的，也是贝尔。

晶体管

贝尔创造了"晶体管"这个名称，它是**"转换电阻"**一词的缩略形式。晶体管其实是一种**多极管**，它无须真空管、加热元件或任何降低热离子管可靠性的元件。

点接触式晶体管

1947 年，贝尔实验室的科学家**约翰·巴丁**和工程师**沃尔特·布拉顿**设计出了**第一个晶体管**。这个晶体管有两个间距很小的**金箔接触点**，而与其接触的是一层半导体锗。

"三明治"晶体管

巴丁和布拉顿的上司**比尔·肖克利**随即发明了一种**更简单、更易于制造的晶体管**：两层富电子半导体（"面包"）之间夹着一层缺电子半导体（"肉"）。对"肉"施加**正电压**可以在两片"面包"之间**形成放大的单向电流**。

电气工程与计算机

集成电路

集成电路或芯片是两位研究者在相同时期内各自独立发明的成果。通过采用相同材料同步制作一个电路上的所有元件的方式，进行集成电路的制造，从而达到了减小成品尺寸的目的。

大小至关重要

晶体管迅速取代热离子真空管，成了一种**无处不在的电子器件**，诸如**晶体管收音机**之类的产品，都对**青年文化和音乐行业**产生了深远的影响。但是，晶体管的**尺寸已达到了极限**，而超越该极限意味着，**与其他电路元件的连接将无法以手工的方式完成**。

晶体数学

1958年7月，**德州仪器公司的工程师杰克·基尔比**想到，假如电路中的所有元件（如**电容器和电阻器**）都采用与晶体管相同的半导体材料制造，它们就可以**由同一块材料加工成型**。仅仅几个月后，仙童半导体公司的**罗伯特·诺伊斯**便独立发明了**与此类似但加工速度更快的光刻技术**。

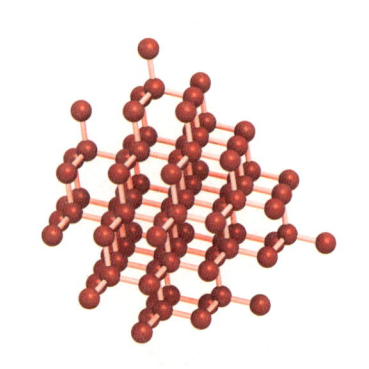

模板和光罩

现代微芯片是利用**平面工艺**（仙童公司光刻技术的改进版工艺）制成的。一片较大的晶圆可制造数百个芯片。利用与**模板**一起放置的**光罩**，可实现**导电、绝缘和半导体**材料的**逐层堆叠**，而材料在**溶解**前，还可充当**其他材料层的模板**。

层层叠加

集成电路的基底层是**富电子的P型硅片**，在其上添加二氧化硅绝缘层，然后利用一个模板放置光罩，以保护二氧化硅层的某些区域，其余**没有被覆盖的部分则会被溶解**。接着再添加其他层，包括**可导电的多晶硅和缺电子的N型硅**。最后添加的是**连接电子元件的细小金属线**。

工程学家养成计划

激 光

激光原本是"受激辐射光放大"的缩略语，它是高级工程学与量子物理学相结合的产物。

同步状态

量子物理学预言，**产生有相干性的电磁辐射是可能实现的**。这意味着，可以出现**波长相同、相位完全一致**的电磁波。形成相干性的途径之一是，通过特定方式**将能量注入原子，使原子发出光子**，再将光子汇集起来，从而形成**相干光束**。

激微波

1953年，**查尔斯·汤斯**和他的团队利用**微波**实现了这一创举。他们将此项技术称为**"受激放大微波辐射"**，简称**"激微波"**。

激光组件

若要制造激光，就需要一种被称为**"激光介质"**的材料，它可通过**泵浦**作用生成单一波长的**光子**；同时，需要一个**能量源**——能让所有泵浦光子都以同样步调、朝着同一方向行进的力量；另外，还需要一个**光束聚焦装置**。激光器通常还配备了**准直仪**，可以将**光束聚焦成一个范围极小但强度极高的光斑**。

第一道"光"

1960年，加利福尼亚州马里布市**休斯研究实验室的研究员西奥多·梅曼**发明了**第一台激光器**。他用一根**红宝石棒**作为**激光介质**，并将其置于**螺旋形氙气闪光灯**的中间。氙气闪光灯将光能注入红宝石棒，而红宝石棒的**平末端具有镜面反射能力**，可使**光子进行来回地弹跳**，形成相干光束。

激光的应用

除**军事方面的应用**外，激光还有其他形形色色的应用。在进行**外科手术**时，用激光割开的**超细切口**只有0.5微米宽（头发的宽度约为80微米）。其他用途则包括**光盘读取**、**显微镜**、**条形码扫描**和**光纤**等。

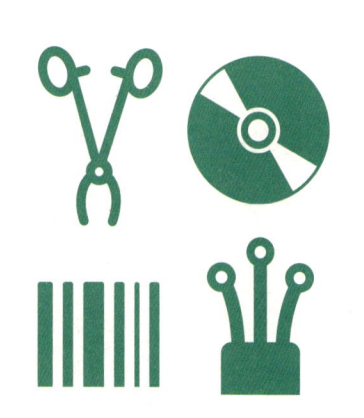

月球激光测距

激光可被用于**勘测**工作，如测量地球与月球之间的距离。"阿波罗号"宇航员留在**月球**上的几个**激光反射器**，使人类进行地月距离的测量成为可能，且其精度误差不超过6英寸。

电气工程与计算机

人机交互

人机交互是指，设计并构建更具人性化的信息技术，从而达到方便用户操作并增强使用效果的目的。在这一领域中，最伟大的代表人物是道格·恩格巴特。

穿孔卡片

最早的计算机利用穿孔卡片运行，与老式的自动钢琴有些类似。此后出现的计算机有了**键盘输入功能**，但它们给使用者设置了一道"最低门槛"——必须学会**复杂且并不直观的编程语言**。

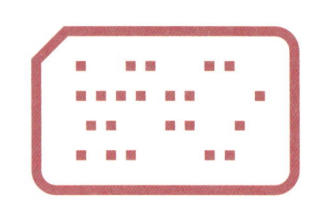

自举

美国工程师**道格拉斯·恩格尔巴特**认为，只有**使用者与工具相互配合**，人类的生产力和电脑的计算能力才能实现协同发展。在20世纪60年代，他借用**"自举"**这一**系统工程**的专业术语，对工具改造如何**推动技术进步**，而后者又如何反过来**促进工具的进一步改进**，进行了阐述。

联机系统

在位于加利福尼亚的**增强研究中心**，恩格尔巴特及其团队发明了一种被称为**"联机系统"**的**计算机软硬件系统**。它开创了在当今信息技术系统中已得到普及的一系列功能：**电脑鼠标**、**"视窗"图形用户界面、协同文档共享和超文本链接**等。

鼠标

电脑鼠标的**"鼻祖"是轨迹球**，这是一种在**第二次世界大战**中被开发的**便于人机交互的装置**。1963年，恩格尔巴特将一个被他称作**"虫子"**的装置构思绘成草图，并于**1964年制作出一件样机**。由于该装置**与计算机相连的电缆看起来如同一条老鼠尾巴**，因此它被人们称为"鼠标"。

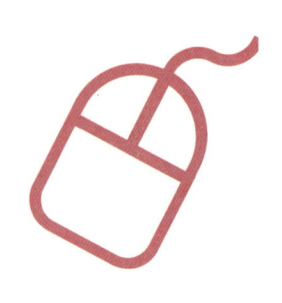

"演示之母"

1968年，恩格尔巴特在旧金山为**他的联机系统**进行了**一次演示**。自此，该系统便被称为**"演示之母"**。这对人机交互原则起到了**传播作用**，既促进了**个人电脑的转变**，又促进了包括**麦金塔电脑**在内的计算机系统的问世。

个人电脑

20世纪70年代，廉价可编程芯片的发展为早期个人电脑的生产创造了条件。

摩尔定律

戈登·摩尔是仙童公司的工程师，该公司是**集成芯片**生产行业的早期领军者。1964年，他注意到**单个芯片上安装的晶体管数量每年都会翻倍**，这一发现被**总结为一条预测法则**，即**"摩尔定律"**。20世纪60年代末，**金属氧化物半导体**被用于芯片制造，**单个芯片的性能得到了极大提升**，"摩尔定律"的时效性也因此延长数年。

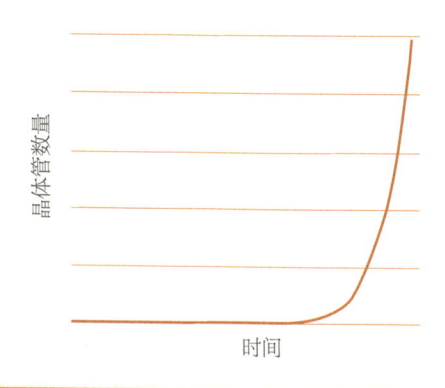

晶体管数量

时间

单芯片计算机

1968年，**摩尔**和**诺伊斯**成立了**英特尔公司**，生产自用芯片。1969年，英特尔公司的工程师**马尔西恩·霍夫**设计出了可编程**通用电路**，它可与**存放在存储芯片中的软件**进行协同工作。20世纪70年代中期，人们只要花费100美元就能买到单芯片计算机。

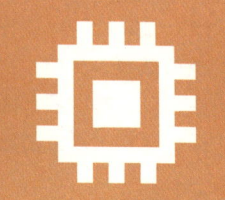

"牛郎星"

几乎所有计算机产品的用户都是**企业**或**大型机构**，但由电脑**爱好者**组成的团体也是如日方升，他们把自造的**部件**组装起来，**打造出可用于娱乐和研究的个性化系统**。1974年，一群电脑业余爱好者开发了**个人电脑套件**——**"牛郎星"**。**比尔·盖茨**和**保罗·艾伦**为它编写了**软件**，随后又创建了**微软公司**。

苹果公司

史蒂夫·沃兹尼亚克和**史蒂夫·乔布斯**创办了苹果公司，并于1976年将他们的**第一台个人计算机**推向市场。乔布斯对**道格·恩格尔巴特**的创意格外兴奋。1983年，苹果公司开始生产配备了**键盘、一体式显示器、软盘驱动器、鼠标和带有下拉式菜单的视窗图形界面**的电脑。IBM公司则在1981年进入了个人计算机市场，并**委托微软编写其操作系统**——微软磁盘操作系统。

搜索引擎

　　创建虚拟机为人们对因特网的探索带来了更多可能性，数字化的世界也为工程学的理念增添了新的维度。

因特网

互联网发源于**"信息论之父"**、美国工程师**克劳德·香农**的开创性工作及网络理论。**分组交换**技术借此得以发展，而**因特网的鼻祖——阿帕网**，也在1969年应运而生。

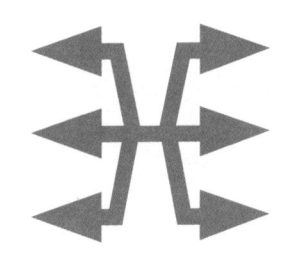

万维网

英国科学家**蒂姆·伯纳斯-李**于1990年前后创建了万维网——一个基于因特网的**信息空间或分布式信息系统**，但它**并不等同于因特网**。伯纳斯-李将一系列关键要素组合起来：建构**网络地址标准**，通过**超链接**将不同的**信息源**、**文本**和**媒体**进行连接；确定一种将**信息格式化**的简单标记语言；发布**在服务器和客户端用户之间传递信息的传输协议**。此外，他还开发了**最早的网页浏览器**，有了这个**软件工具**，用户便可以使用万维网。

搜索引擎的构成要素

伪搜索引擎会对原始资料进行逐行扫描，**查找**有无与搜索请求**精确匹配**的结果。**真正的搜索引擎**则更加**复杂**，它至少由三个不同的阶段构成：**数据准备**、**全文索引**和**搜索**。数据准备工作由"**蜘蛛**"或**索引器**执行。全文索引记录索引页上的所有内容。搜索任务由**搜索引擎本身**执行，在**生成结果**后将其呈现给用户。复杂**算法**将对最符合搜索词的**搜索结果**进行排名。

内容过多

最初，伯纳斯-李等人以**手动的方式更新网页内容的列表和目录**。但未过多久，网页信息量的突增使人工无法胜任这项工作。以1990年 Archie 等程序的出现为开端，各种**搜索工具**被相继**开发问世**。它们很快就发展为**搜索引擎**，可对**网页信息**进行**编目**、**索引**、**搜寻和检索**。

人工智能

对机器智能或人工智能所做的工程探索，可能是人类工程学史上最伟大的壮举，但也可能是一首"绝唱"。

图灵测试

计算机科学的早期进步，为各种**专业系统**（如棋艺极高的**弈棋机**）铺就了道路，这也促使不少人大胆断言，**与人类智能相媲美的机器智能**未来可期。但英国计算机先驱**艾伦·图灵**却提出了一个与众不同的思路：凡是**看似具备理解学习能力**（能通过**"图灵测试"**）**的机器，都应当被视为具有智能的机器**。

包罗万象

人工智能并非"铁板一块"，它涵盖了**计算机视觉、自然语言处理、模式识别、机器学习和专家系统**等不同的专业领域。

殊途同归

人工智能工程师对**"自上而下"**和**"自下而上"**两条路径都进行了探索。"自上而下"的方法意在**对思维过程进行编码，将其转化成计算机可以处理的符号语言**。"自下而上"的方法则涉及**连接主义**的原理：在有足够的适当连接的情况下（如**大规模平行处理**），智能便会涌现。

神经网络

工程师可构建类似于单个神经细胞的单元，允许它们逐渐**形成自身的内部连接结构**，并为它们**提供原材料并设定目标结果，以此来"培养"它们**。而工程师对于网络内部的情况，可能一无所知或无从了解。

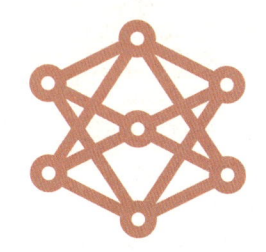

"奇点"

有些人工智能工程师认为，**一旦创造出真正的机器智能，机器便会开始迅速进行自我改良**，从而立即**取得远超人类能力的进步**。而这将不可避免地将**人类历史引向一个转折点**，即**"奇点"**，并最终导致**技术乌托邦的出现**或**人类的终结**。

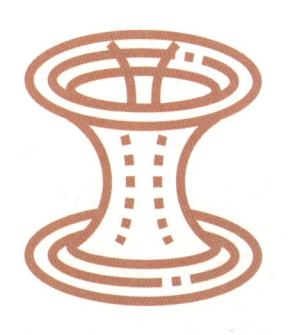

电气工程与计算机

量子计算

利用量子工程学理论有望开发一种性能超群的新型计算机，但其前提条件是复杂的宏观工程难题已能被破解。

"叠加"

量子物理学告诉我们，在粒子**由于被观察到或与外界发生接触而被迫进入单一状态之前**，它们**可以同时存在多个状态**——叠加态，这一现象被称为**"量子退相干"**。

量子比特

传统数字计算机的基本运算单位是**比特**，其存在的位置或状态必为1或0（即开与关）。量子计算机采用**量子比特**，而量子比特**能够以叠加态的形式存在。单个量子比特**具有同时处理多个运算任务的能力。

"纠缠"

对于传统数字计算机而言，**比特数的增加可使计算机的处理能力以算术级数增长**。这就是32位计算机的运算速度是16位计算机的两倍的原因。量子比特则可通过一种**被称为"纠缠"**的奇特的**量子现象**相连。它以"菊花链"形式将量子比特连接起来，从而**使其处理能力呈指数级增长**。

工程学挑战

量子计算面临的问题在于，**很难避免量子比特退相干**。被用作量子比特的粒子**需要被保存在温度极低的环境**下或被**限制在磁场**中。实际上，构建一种能满足这一条件的计算机，**在技术上是极其困难的**。

特殊应用

尽管如此，**某些形式的量子计算机已经问世**，并可解决传统计算机难以应对的特殊类型的问题。例如，在药品开发过程中对原子和分子的特性进行建模，或是对问题中最佳路径的进一步优化。

古代机械学

古代能工巧匠从事的工作与古希腊的哲学传统既有所关联又自成一体。而那些实实在在的成果和充满奇思妙想的精巧装置，足以让他们感到自豪。

克特西比乌斯

亚历山大城的克特西比乌斯是一位公元前3世纪的工程师和发明家，也是**最早成名的古希腊机械巨匠**。他推动了**水力学和气动力学**（研究处于压力下的水和空气，并可引申到所有流体）的进步，而他最广为人知的发明，是**走时准确的时钟和水力风琴**。

水钟

除**日晷**外，古希腊人还使用**水钟**计时，利用**流入和流出容器的水的水位**来标示时间。但水压会随着水位下降而下降，从而导致**流速变慢**，因此这种时钟**走时不准**。据说，克特西比乌斯设计了一种**可以让水压保持稳定的装置**，于是解决了水钟走时不准的问题。

自动机

古代很多机械师都设计过精巧的装置，它们**看起来更像是玩具或珍奇之物，而非实用工具**。这当中就包括**复杂精致的自动机**。实际上，这种装置**具有严肃的意义**——它们时常被用作**学术演讲的依据**。

水压管风琴

水压式管风琴（水力风琴）是一种气动装置。与现代的管风琴一样，它的**发声依靠空气吹过不同大小的管子**实现。一台机械**泵进行供气，水压则由一箱水来调节**。古罗马人在圆形广场举办娱乐活动时，常会用到它。

战争机器

古代机械学重点关注的领域之一，是**弩炮**、**投石机**和**攻城器**等武器的制造。

安提凯希拉装置

当潜水员从海底沉船中打捞出一大块毫不起眼且锈蚀不堪的金属时,他们万万没有想到,自己竟然发现了从古代遗留下来的最不寻常的人造"宝物"。

沉船

1900年,采海绵的潜水员在邻近克里特岛西北端的安提凯希拉岛的周边水域发现了一艘公元前1世纪的**罗马货船沉船**。除了珍贵的**雕像**、**硬币和其他货物**外,他们还找到一块长满藤壶的礁石,其中有**一小块青铜制品**突出在外,他们将其标记为**"器物15087"**。

古代发条装置

最终,"器物15087"被确认为一个**带木制框架的古代发条装置**的残留物,其内部装满复杂齿轮。人们猜测,它可能是某种**星盘**,或是可**帮助人们确定天体位置的"尺子"**。鉴于已知最早的机械式天文计算器的问世时间比它晚了约一千年,因此没有人料到,二者的复杂程度其实不相上下。

古代星象仪

人们现已了解到,**安提凯希拉装置**是一种**极为精密复杂的天文计算器或星象仪**,类似于一台古代计算机。人们可**转动正面的刻度盘和手摇曲柄**实现对其设置,曲柄可带动37个齿轮,再由其驱动至少7个刻度盘,从而实现对**天体运动和日月食日期**等的显示。该装置上的时间被设定为公元前80年,**据此可知沉船的年代**。

机械大师

安提凯希拉装置有可能源自**罗德岛**。公元1世纪初,很多**一流器械制造工匠和天文学家**都来自该岛。

汽 转 球

工程史上的最大谜团之一，即为什么古人在掌握已知的蒸汽技术的情况下，却未能造出真正的蒸汽机。

亚历山大城的海伦

希腊**亚历山大城**的海伦被古罗马人称为**"英雄"**（海伦"Heron"与英雄"hero"一词相近），他是公元1世纪时期**首屈一指的机械哲学家**。海伦发展完善了**克特西比乌斯和阿基米德**的思想，并撰写了若干部有关**自动机、测量、光学**和**重物运输**的著作。

蒸汽驱动

海伦设计的**最著名的机械装置**也许是一个让当时的人想不出任何实用价值的"新奇玩物"——一台被称为**"汽转球"**的原始蒸汽轮机。根据公元1世纪罗马工程师**维特鲁威**的描述，最简单的汽轮机就是架在一根轴上的带有一对壶嘴的水壶。汽转球的喷嘴被安装在特定位置，在为圆球形或圆柱形壶体加热时，**喷嘴会排出蒸气，通过反作用力推动壶体朝相反方向运动**（与火箭的原理相同）。与之相比，海伦设计的汽转球更为复杂，其结构**分为旋转体和烧水器**，并**以管子相连**。

或然历史

海伦发明汽转球这一事实表明，**古人知道如何利用蒸汽产生旋转驱动力**。然而，**他们为何没能像他们的欧洲后裔一样，将这种技术应用于工业或运输业**，进而引发**古代工业革命**呢？这个问题一般可以这样解释：**在当时社会经济的组织架构下**，尤其是在**有奴隶充当他们的免费苦力的情况之下，这种事情不可能发生**。

假想应用

海伦的其他成就还包括**对水泵和水力管风琴的改进**，针对后者，他借鉴了水车式旋转驱动装置的设计。他如果有过将蒸汽机与水泵相连接的想法，就有可能**制造出大功率的蒸汽泵**，而这种泵肯定会在古罗马的水利工程中大有用武之地。若能**将蒸汽同转轮式动力装置相结合，蒸汽轮机**也有可能早早**诞生**。

机械

张　衡

张衡，是公元2世纪时期中国的发明家。作为张衡在工程领域的贡献之一，地震监测装置举世闻名。

博学之人

张衡曾长期担任朝廷公职，是著名的**诗人**和**历史学家**。同时，他也是重要的**数学家**、**自然哲学家**和**天文学家**。

精准计时器

与其古希腊同行一样，**张衡**通过**调节供水量提高了水钟的准确性与可靠性**。

浑天仪

张衡发明的**水力驱动装置——浑天仪**，是多项创新技术结合的产物。浑天仪是一个精致而复杂的机械天球模型，可呈现天体运动。另外，他也促进了**擒纵器**的发展，而擒纵器是**钟表装置**的主要构件。

地震指示器

张衡最广为人知的发明，是**"候风地动仪"**，这是一种极其精巧的早期**验震器**或地震传感器。它**能检测到遥远地区发生的地震并指明震中的方向**。

龙之嘴

地动仪看上去就像一个**青铜缸**，缸的外部有**一圈龙形构件**，可指示罗盘的各个方位。一旦检测到地震，**震中方向对应的龙便会释放口中的小球，而小球随即落入一只铜蟾蜍的口中**。

泵

这项寂寂无闻的技术对于科学和工业发展，有着让人始料未及的重要意义。

古代的泵

古代工程师就地取材制作出了**最早的泵**，他们靠的是**实践经验**而非理论。**桔槔**是**一种举升盛水水桶的配重杠杆**，它是**被用于输送液体的最早的工具之一**。古希腊工程师**阿基米德**先于后人约一百年，发明出**螺旋泵**，它是**基于斜面原理工作的**。

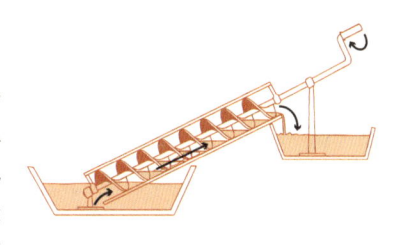

压力泵

压力泵是一种**利用超过大气压的压力进行液体输送的泵**。世界上已知的最早的压力泵采用的是**活塞**，由亚历山大城的**克特西比乌斯**设计而成。

泵与科学革命

对泵的技术改进，特别是采用**皮质垫圈**以**减少泄漏**的方式，使人们有了创造出**低真空**条件的可能。这些条件被英裔爱尔兰化学家**罗伯特·波义耳**等关键人物，用于**科学研究**。

真空管技术

能够满足高真空条件这一要求的泵，**对真空管（如阴极射线管和X射线管）技术的发展至关重要**。

空气压力

中世纪时期，采矿者为寻找矿石向地下越挖越深，于是泵成了**采矿业必不可少的工具之一**。但是，钻探的深度会受到**泵从深井汲水**能力的限制。矿用**泵的最大抽水深度为30英尺**，在这一极限面前，工程师深感无奈。1644年，意大利科学家**埃万杰利斯塔·托里拆利**证明，之所以存在这一极限值，是因为**大气重量刚好等于30英尺高的水柱的重量**。

泵的分类

泵可被分为两种主要类型。一种是**离心泵**，它可利用**旋转叶轮使流体加速**，从而产生**泵送力**；另一种是**往复式泵**，其工作原理**与活塞泵相同**，即先**将液体吸入然后排出**。

时 钟

天文学和导航技术都需要用到计时装置，但它们的校准却成为中世纪之后亟待解决的重大工程挑战之一。

机械式星盘

中世纪的大型钟堪称机械奇迹，但它们的实际**用途是天文学研究而非计时**，因为它们**本质上就是带发条机构的星盘**（计算天体运动的装置）。

动力

在采用**发条**之前，钟表装置的**主要动力**是重力。利用**不断下降的重物将势能转化为动能**，再经过**一系列传动齿轮**（又被称为"齿轮机构"）将能量**传递**给指针，使指针沿着表盘转动。

擒纵器

来回摇摆的杠杆与齿轮的轮齿交替啮合，这样的机构被称为**"擒纵器"**，它是一种**制约重力**的巧妙方法。但在**伽利略**提出**钟摆**原理前，能使擒纵器保持规律性运动的自然调节手段尚不存在。

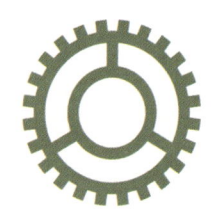

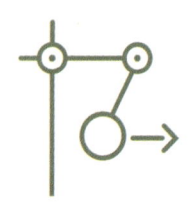

更为有效的调节

荷兰发明家**克里斯蒂安·惠更斯**设计的利用**摆锤调节的时钟**，于1657年问世。在此后的**数百年**中，人们一直都在**尝试**，试图**优化对擒纵器运动的调节效果**并寻找**抵消变量**（如**热膨胀**）影响的方式。

经度之争

航海者需要一种**无论在哪里都能准确计时**的装置，从而帮助他们计算**经度**。1714年，英国政府决定悬赏精确时钟的发明人。25年后，钟表匠**约翰·哈里森**对一种高精度**经线仪**进行了优化，并借此夺得了奖金。

汽轮机

纽科门和瓦特发明的蒸汽机已经证明，蒸汽动力在转换为有用功方面蕴含着巨大潜能。但是，如何充分利用这种强劲的动力，仍然是一个难题。

多段式

这其中的挑战之一是，如何**从蒸汽中吸收更多能量**。将水变成蒸汽会消耗**大量热**，而纽科门与瓦特发明的冷凝式蒸汽机却**浪费了很多热能**。一直以来，人们采用的对策之一是，增加**膨胀箱的数量**，使蒸汽实现**多次做功**。

冲动式 vs 反动式

蒸汽**将能量传递给转子**的方式有两种。**在冲动式汽轮机中，蒸汽可推动叶片旋转**。而**在反动式汽轮机**中，蒸汽作用于叶片时会朝某一方向偏离，从而产生一个**大小相等、方向相反的反作用力**，其工作原理与**旋转式园林喷头**相同。

帕森斯

英国工程师**查尔斯·帕森斯（1854—1931）首先制造出了一台能够有效运转的蒸汽轮机**，其配备的**反动式涡轮机**可利用**多组叶片**充分吸收蒸汽能量。他制造的汽轮机曾经先后为一台**发电机**和一艘**轮船**提供动力。

旋转运动

另一个问题是，**摆梁式发动机的往复运动浪费了大量能量**。如果**涡轮机**能像水车一样利用**旋转运动**做功，那么其效果可能更佳。但蒸汽的性质与水截然不同。事实证明，**打造一种高效的蒸汽轮机，是工程学面临的巨大挑战之一**。

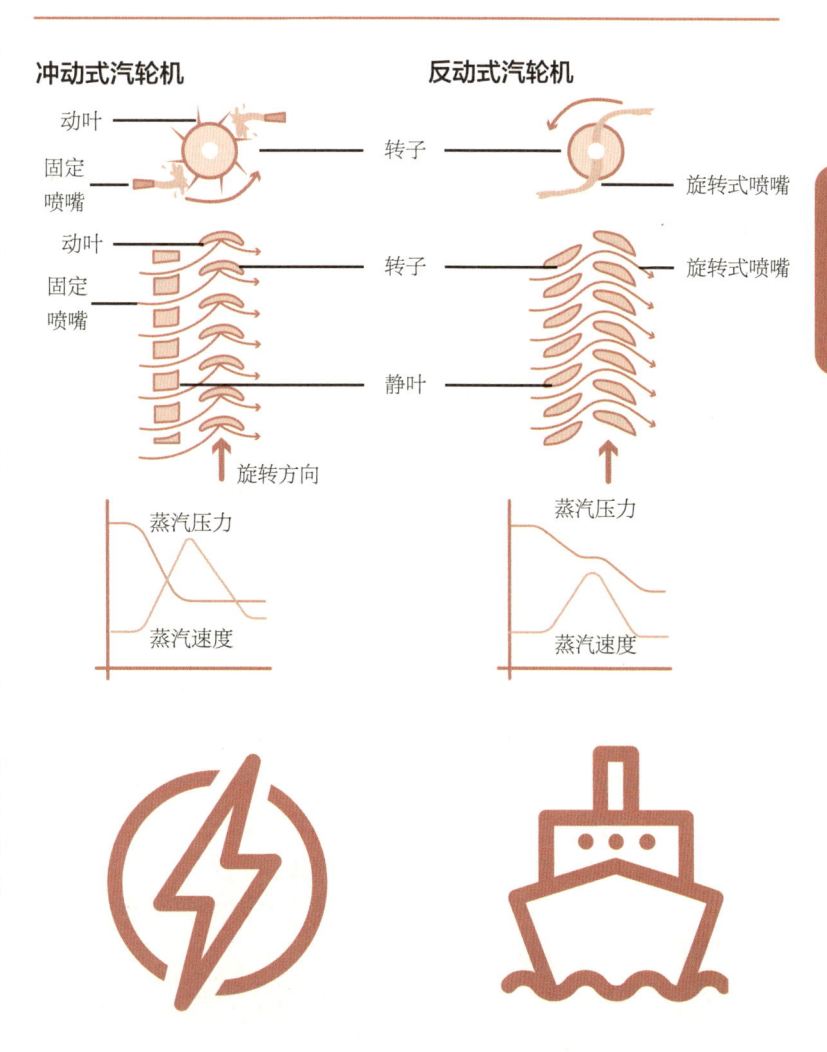

冲动式汽轮机
- 动叶
- 固定喷嘴
- 动叶
- 固定喷嘴
- 旋转方向
- 蒸汽压力
- 蒸汽速度

反动式汽轮机
- 转子
- 旋转式喷嘴
- 转子
- 旋转式喷嘴
- 静叶
- 蒸汽压力
- 蒸汽速度

机械

机械计算器

科学的进步意味着更加复杂的计算。由此带来的巨大工作量和不可靠的运算结果,成了横亘在科学家前面的两只"拦路虎"。那么,工程师能够成为"救星"吗?

达·芬奇的计算器

达·芬奇的两张素描稿呈现了他**对于某种计算器**的设计构思。但对此持怀疑态度的人认为,这是一台**比例分割器**(一种证明黄金分割原理的想象实验),且由于**摩擦力过大**,它**在现实中可能无法被正常使用**。

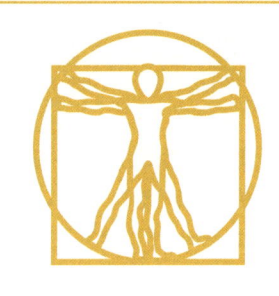

纳皮尔骨筹

已知最早的机械计算装置,是威廉·施卡德的计算钟,是一种以**纳皮尔骨筹**为基础的装置。纳皮尔骨筹是**一套刻有数字的圆棒,可被用作辅助计算工具**,由苏格兰数学家**约翰·纳皮尔**在17世纪初期设计而成。

帕斯卡加法器

1642年,为了帮助身为收税员的父亲,十八岁的法国数学奇才**布莱斯·帕斯卡**设计了一个机械式加法器。矩形黄铜机盒正面的**若干个拨盘,可转动内部齿轮。一个齿轮旋转一周,便可让左边的齿轮旋转十分之一圈,以此类推**。这种名为"帕斯卡加法器"的装置,**产量非常有限(仅为50台左右),而售出的数量还不到15台**。

步进计算器

德国博学家**戈特弗里德·莱布尼茨**在了解到帕斯卡加法器的原理后,决心打造一种不仅可以**做加减运算**还能**做乘除运算**的**通用计算器**。他发明的**步进计算器**采用了一种特殊的**圆柱形齿轮**,轮齿的长度依次递增,因此被称为"**阶式鼓轮**"或"**莱布尼兹轮**"。这种计算器可利用**拨盘设定数字**,通过转动曲柄来实现运算。

按键式计算器

此后大约两百年中出现的计算器,大多基于帕斯卡和莱布尼茨的设计。1884年,美国发明家**多尔·菲尔特**设计出第一个大获成功的按键式计算器。而当今标准的三列十键布局计算器则可追溯至奥斯卡·桑德斯特兰德于1914年设计的计算器。

巴贝奇的差分机与分析机

最接近机械计算器的分析机是由英国数学家、工程师查尔斯·巴贝奇于19世纪设计的。这个设计相较于其所在时代的同类技术，领先了一个世纪，因此从未被制造出来。

手工计算

在机械式**计算器和计算机**出现之前，**冗长繁重的求和计算是由人以手工方式完成**的。然而，不可避免的**人为错误**常让巴贝奇颇为恼怒，于是他在1823年决心设计一种能进行计算的机器。

"差分机一号"

他的首个发明是一台**基于齿轮机构的机器**，它根据一种被称为**"有限差分法"**的数学方法**进行复杂计算**。齿轮的圈数分别对应不同的数字，人们在使用时摇动曲柄带动机器运转，使输入数字变为输出结果。十多年中，巴贝奇为此发明先后投入17000英镑，直至倾其所有。"差分机一号"高约8英尺，内部共有25000个零件。

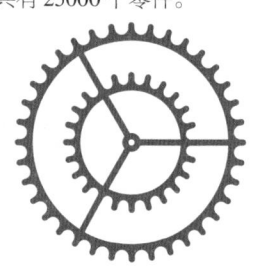

"差分机二号"

1847年，巴贝奇拟定了**简化版差分机**的设计方案。但他未能获得政府资助，因此该项目无果而终。

分析机

1834年，巴贝奇制定了一个**更加雄心勃勃的计算装置**的设计方案。**分析机已经初具很多现代计算机的特征**，包括**中央处理单元**、**存储器**（容量达到一千个五十位数）和**印出设备**，同时允许**使用穿孔卡片编程**。但也许是因为分析机**过于先进**，而当时的齿轮技术无法满足其要求，故而**未能被制造出来**。

首位程序员

巴贝奇的朋友**阿达·洛芙莱斯**对该**分析机的算法**进行了阐述，因此她赢得了**"世界上首位计算机程序员"**的名号。

播 种 机

农业革命的标志性技术简单朴实却行之有效，而它只是工程学应用的"冰山一角"。

手工播种

在播种机被广泛普及之前，几乎所有适合种植的农作物都是由人们**手工播种**的。这意味着，农民必须穿行于农田中，将种子播撒出去。这种办法既**不经济又不高效**，原因在于：**鸟类会吃掉大量**撒在土壤表层的种子；作物有可能因播种**过于密集**而影响生长，进而**减产**；周围土地植物的肆意生长，要求人们将更多时间花费在**除草和施肥**之类的工作上。

工程学家养成计划

历史探源

早在公元前1500年，**古巴比伦人**就已经在使用播种机，而**中国人**则在公元1世纪前后发明了**铁制的多管种子条播机（耧车）**。在**意大利文艺复兴时期**，播种机得到了进一步优化。

杰斯罗·塔尔

英国农学家**杰斯罗·塔尔**在考察欧洲大陆的耕作方法后，带着**提高农业生产效率与产量的决心**，回到了自己的农场。1701年，他对先前的构思进行了适当修改，从而设计出了**他的第一台播种机**。

机械式播种机

塔尔设计的装置是一台**马拉车**，车上配备了装有种子的旋转式箱形容器。马车前行时容器便会翻转，**种子会从送料槽落到漏斗内，再经漏斗掉入由前方耕犁所挖的犁沟中**。马车后部的耙，可用于平土，即**将种子掩埋**。通过平行"复制"这种布局，即使只有一人，**也可同时并排播种多行种子**。

条播法

条播是播种的一种方式。塔尔将这个机器命名为"条播机"，就是借鉴了农民常用的**"条播"**一词，即**把种子直接撒入事先挖好的犁沟内**。

播种有道

播种机可以**保护种子，使其免受鸟类侵害**，并改善土壤的**排水性**，让种子**获取更多营养**。**成行播种**则为**除草提供了更多方便**，减少了人工**劳作频率**，从而有助于提高农业劳动**效率**。

| 携带种子 | 开出深度均匀的犁沟 | 将种子放入犁沟中 | 将周围的土壤压实以盖住种子 |

162

织布机

得益于一系列工程技术的进步，英国纺织业异军突起，并以此为开端掀起了工业革命的浪潮。

家庭手工业

18世纪初，纺织品生产的两大环节——**纺纱**和**织布**，都属于**家庭手工业**，即由各家在自家内进行生产。因此，**生产效率会受到诸多因素的限制**，如对人力过于依赖，难以纺出结实的棉线，以及生产设备局限于**狭幅织机**。

经纬

织布时要先将棉线竖直平行排列，形成**"经线"**，然后将**"纬线"**从每根**"经线"**的上方和下方依次穿过。由于**劳动者要用梭子手工将"纬线"穿过每一根"经线"**，因此手织机的宽度不能超过人的臂长范围，而这限制了布料的宽度。

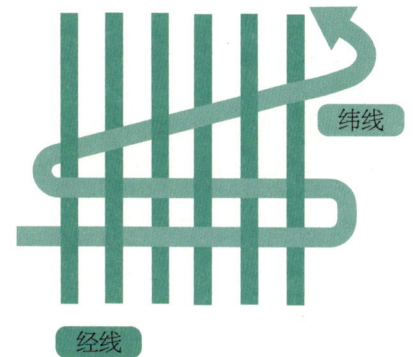

纬线

经线

飞梭

1733年，**约翰·凯伊**发明了一种梭子，它依靠小轮走线，并可**借助一根细绳来回拉动**。这种飞梭不仅可以让人使用**更宽的织机**，而且可以大大缩短织布工序，因此一个人可以完成多个人的工作量。

动力织机

1785年，牧师**埃德蒙·卡特赖特**发明了一种**动力织机**，这种织布机可利用外部动力加快织布工序。经过不断的改进，他将这种机器**后续型号的制造材料从木头改为铁**，因此便可以**由蒸汽机驱动织布机工作了**。

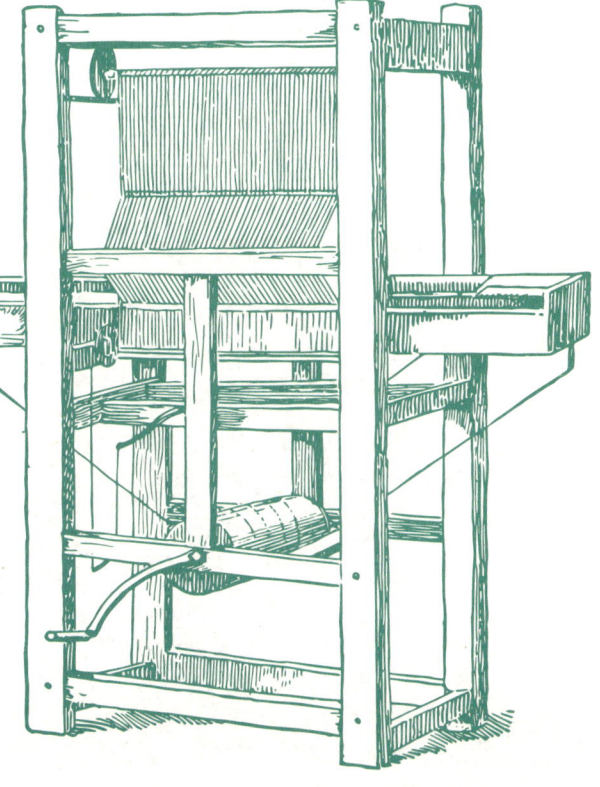

机械

纺纱机

工程技术创新导致纺纱与织造陷入了某种"军备竞赛",各方都尽量与对方的供需状况保持同步,而这其实推动了这一领域的进一步创新。

珍妮纺纱机

1767年,英国织布工**詹姆斯·哈格里夫斯**发明了**珍妮纺纱机**(他以自己女儿的名字来命名)。此前,一个**纺轮**仅能**带动一个纺锤**旋转进行纺纱。而哈格里夫斯想到,**一个纺轮其实可以同时带动多个纺锤**。珍妮纺纱机的**纺锤数量多达八个**。

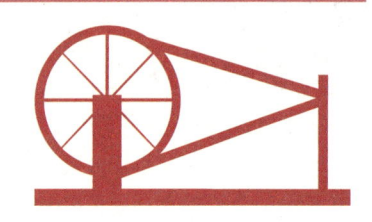

水力纺纱机

英国企业家**理查德·阿克赖特**意识到,**飞梭**的发明刺激了人们对纱线的需求,而**即使有珍妮纺纱机的帮助,纺纱工的生产速度也跟不上这一需求的增长**。从1764年起,他就致力于大型**纺纱机**的制造。他设计的纺纱机被称为**"水力纺纱机"**,因为它是由**水力**驱动的。这种机器必须被安装在被称为"磨坊"的工厂中,因为它们与谷物磨坊类似,也利用**水车**提供动力。

走锭精纺机(骡机)

尽管当时**棉线**的生产速度已经足够快,但其**质量却参差不齐**。1779年,纺纱工**塞缪尔·克伦普顿**制造了一台**走锭精纺机**,它集**珍妮纺纱机**和**水力纺纱机**的最佳功能于一体,可以纺出品质极高且粗细均匀的棉线。

埃文斯磨坊

奥利弗·埃文斯（1755—1819）是18世纪后期美国的杰出发明家。他将一系列创新技术结合，创造出了一条自动化谷物碾磨生产线，从而为制粉业带来了巨大改变。

迎难而上

工程学的本质，在于设法**解决问题**。1782年，埃文斯和他的兄弟接管了一个谷物磨坊，他决心用工程学的方法解决他遇到的问题。

磨坊工作是**体力工作**，工作人员不仅要**将成袋的谷物和面粉搬上搬下**，还要将粮食铺开。

面粉中容易混入**污垢**、**虫子**和其他污染物。

碾磨和干燥工艺花费的时间较长，降低了工作效率。

冗长的工艺流程意味着，谷物与**面粉变质以及害虫滋生**的可能性将会增加。

劳动密集型的生产模式，抬高了碾磨的**成本**。

五种机械装置

针对上述问题，埃文斯设计制造了一个系统，它在**吸收先前创新技术**的同时，还**引入了一些创新技术**。1787年，他设计了一座**水力**驱动式磨坊，其中包含了**五种创新装置**：

- **斗式提升机**：以皮带背衬上的**一连串**木质或铁皮**铲斗**，代替了搬运麻袋登梯时所需的**劳动力**；
- **绞龙或螺旋输送机**：可将物料水平移动；
- **钻机**：环式输送带，用于物料的上坡输送；
- **下降器**：另一种环式输送带，用于向下输送物料；
- **"料斗伙计"**：一种带有**旋转耙**的**面粉摊铺**装置，得名于从前负责在地上**摊铺面粉**以使其**冷却**和**干燥**的工人。

效率增益

埃文斯磨坊**使一个工人可以完成五个人的工作量**——每小时加工300蒲式耳（约8吨）的谷物。

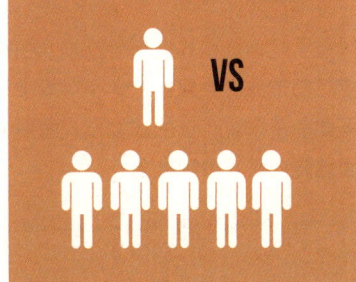

机械

轧 棉 机

伊莱·惠特尼发明的梳棉机不仅使美国南方的社会经济状况发生转变，更改变了历史的进程。

黏连的棉籽

伊莱·惠特尼原本是一个北方人，于1792年移居到佐治亚州。在那里，他发现内陆的棉花种植园主只能种植**短绒棉**。这种棉花的**棉籽容易与棉花黏连**，所以**将短绒棉变成一种有利可图的产品绝非易事**。为此，他们需要一种**快速且廉价的棉花去籽的方法**。

棉籽脱绒

惠特尼的轧棉机设计，构思简单而不失精巧。布满小钩的滚筒可抓住送入料斗的棉纤维，使其缓慢通过类似于细齿梳子的格栅，且只有棉纤维可以通过，而棉籽却不能。在格栅的另一边，一组旋转式毛刷可将滚筒上的棉纤维刷掉，然后继续旋转，收集更多的棉纤维。

依靠马力

惠特尼发明的轧棉机可由**一匹马拖动转轮来获得动力**。他在写给父亲的信中说道："一个人和一匹马的工作量，超过了使用老式机器时，50个人的工作量。"

X 1 > X 50

负面消息

得益于轧棉机和其他创新技术，**棉花种植的利润变得极为丰厚**，这刺激了**棉花制造业的大规模扩张**和**对奴隶需求数量的激增**，而工业化生产体系则以此前从未曾有过的残忍方式**榨取**着奴隶的血汗。由此，美国**南方无可挽回地走向了奴隶制社会**。

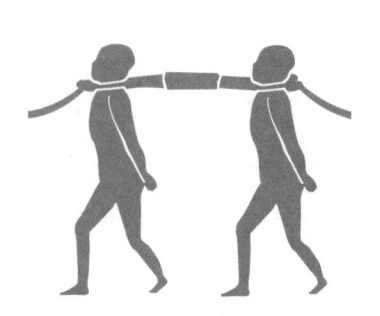

朴次茅斯滑轮厂

朴次茅斯滑轮厂被誉为世界上最早从事大规模工业化生产的工厂，它是马克·布鲁内尔的智慧结晶。

小轮带动巨轮

18世纪末，在社会动荡不安的**拿破仑战争**期间，英国皇家海军已成为一个规模庞大、技术先进的生产经营组织。它消耗了大量材料和装备，其中包括滑车——用于滑轮系统的滑车组木制部件。一艘常规的**大型船舶**要用到一千个尺寸不一的滑车，而皇家海军每年的滑车需求量在十万个以上。

工业重镇

在**海军准将**、造船监察长**塞缪尔·边沁爵士**的领导下，朴次茅斯造船厂凭借**前沿技术**和**先进的制造车间**，变成了世界最重要的**工业基地**之一。在一个巨大的流域盆地之上，边沁建造了许多木材加工厂，这些工厂的机械设备全靠蒸汽机提供动力。

机器的崛起

布鲁内尔与**边沁**同一些工程师，如**亨利·莫兹利**、**西蒙·古德里奇**合作，对一套机床进行了不断地完善。这套木制机床**后来被改用金属制造**，使人们能够将其切成标准化的滑轮，然后再进行钻孔、镗孔、切割、铣削和刨削，生产出各种规格的滑轮。

布鲁内尔的方案

当时，滑轮还只能由人们手工切割而成。为**加快滑轮的生产速度**，边沁设计了几种机床。然而，他的设计方案全部未有进展。1802年，**马克·布鲁内尔**向皇家海军提交了**一套制造滑轮的机床设计方案**，并在边沁的推动下得了采纳。

产量飙升

有了这些机床，10个工人能够生产出的滑轮数量相当过去110个熟练木工的工作量。截至1808年，滑轮工厂的**年产量已达到13万个**。

斯特林发动机

斯特林发动机早在1816年就已问世，其特点为全封闭、噪音小，且可在低温条件下利用热量差工作。但直到现在，它的价值和潜能才得了充分发挥。

沸点

罗伯特·斯特林是一位牧师，来自苏格兰的一个工业区。他担心**蒸汽机会给他所在教区的居民带来危险**，因为蒸汽机的**锅炉**在产生蒸汽的同时会形成**高压**，使脆弱的锅炉铁板常常处于超负荷状态，进而**引发爆炸**。

空气热机

斯特林了解到，**空气热机用空气作为介质代替了蒸汽**，**可推动活塞将热转化为功**。但他知道，这种热机的效率极低，因此他**决心对其加以改良**。在1816年前，他便发明出了节热器——一种**热交换装置**，又名"**蓄热器**"，它极大地提高了空气热机的效率。

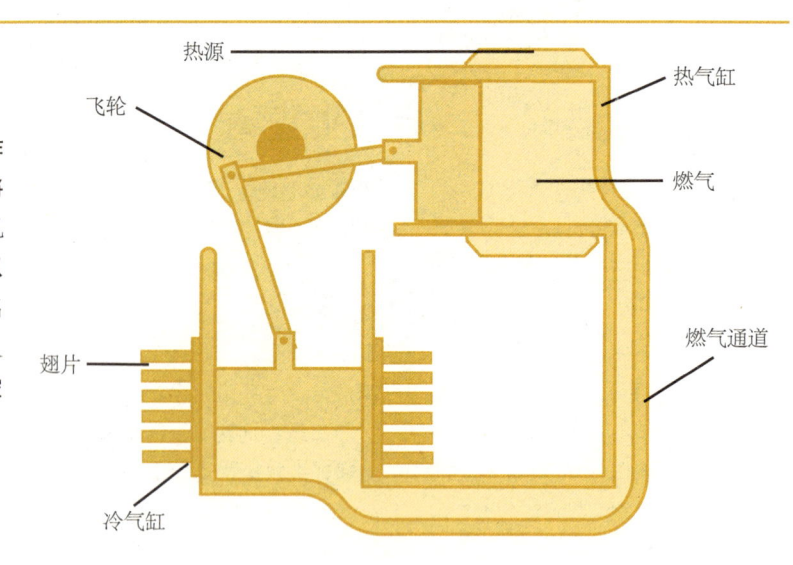

图中标注：热源、热气缸、飞轮、燃气、翅片、燃气通道、冷气缸

更安全的发动机

翌年，斯特林及其兄弟将节热器整合到**空气热机**中，制造出了一台**运行温度低于蒸汽机的**发动机。由于这台发电机不使用蒸汽且无须配备高压锅炉，它**不会引发蒸汽烫伤和爆炸**。到了**1818年，邻近的一家采石场安装了一台斯特林发动机，用以驱动一台水泵**。

现代用途

斯特林发动机**价格不菲，因此无法取代蒸汽机**。随着炼钢技术的进步，人们制造出的**锅炉板变得更加坚固，蒸汽机也因此更加安全**，而斯特林发动机便显得越来越"鸡肋"。但斯特林发动机的**原理**、**效率**和**低噪音**特点，是世人有目共睹的，这让它在**潜艇**（需想方设法保持安静）和**环保型电站**中得到了应用。

蒸汽锤

蒸汽锤是工业时代的象征之一，它能驾驭蒸汽的力量，化"蛮力"为"巧劲"，从而成了一种锻造利器。

杵锤

在蒸汽锤问世之前，蒸汽动力一直被用来"救场"，临时充当**铁匠**的角色。**杵锤或轮锤**本质上就是一只机械化的铁匠手臂，"手臂"末端装有锤子，先依靠水力或蒸汽动力举起，松脱后以弧线轨迹落下。

锤长莫及

1839年，从事工具制造的工程师**詹姆斯·内史密斯**收到了一位来自**大西方汽船公司**的高级工程师的来信，对方在信中感叹**求贤不得**，因而无法锻造大型船轴，以匹配为"大东方号"游轮设计的巨大明轮（后来又改为**螺旋桨设计**）。但是蒸汽杵锤并不能胜任此项工作，因为船轴锻件的尺寸过大，会对以弧线形轨迹下落的锤子构成阻碍。

内史密斯的蒸汽锤

内史密斯随即构思出了一种**新型锤子**，并对其基本组成部分进行了描述："一个巨型铁砧……锤子由一个铁块构成……还有一个倒置的蒸汽缸，锤体被固定在汽缸活塞杆上。"利用**蒸汽动力将活塞连同锤子一并抬升**，待释放蒸汽时锤子便会在重力作用下下坠。

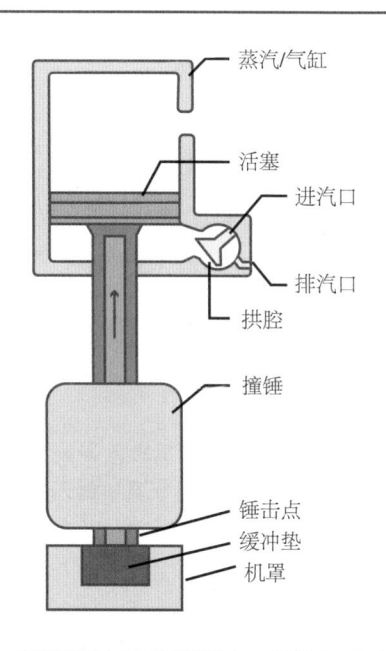

（图示标注：蒸汽/气缸、活塞、进汽口、排汽口、拱腔、撞锤、锤击点、缓冲垫、机罩）

超大号锤子

1842年，内史密斯**为他设计的蒸汽锤申请了专利**，而此前法国**勒克鲁索工厂**的厂主已经制造出了一种实用版的蒸汽锤。后来，一个**重达110吨**的"巨型版"蒸汽锤又在勒克鲁索工厂诞生。直到今天，它仍作为纪念碑矗立在当地。

轻柔触碰

内史密斯蒸汽锤的汽缸中有一个可调节蒸汽释放的阀门，借助它可实现精细化控制。内史密斯最喜欢进行的演示是，在把炽热的钢锭捶打成薄钢板之前，将装在一只玻璃杯中的蛋壳敲碎，而玻璃杯却完好无损。

机器人

尽管英文中的"机器人"(Robot)一词有多个含义,但它通常被用来指代自主式机器。

自动机

在**古代欧洲**和**中世纪时期的伊斯兰世界**,能工巧匠们制造**精巧的自动机**,或为**取悦于人**,或为**引起注意**,或为**引起讨论**。这种做法一直被沿袭到当代世界。据说,**法国工程师雅克·德沃康松于** 1738 **年**制造的**"吃食的机械鸭"**不仅会**拍打翅膀**,**发出"嘎嘎"叫声**,还能**进食**甚至**排泄**。

工人机器人

古希腊神话对机器佣人和工人均有描述,而机器人作为科幻小说主题的历史至少可回溯到 19 世纪。于是,人们一直对这一技术走入现实充满了期待。但事实上,**1961 年**,**第一台工业机器人才被投入使用**。

"尤尼梅特"

Unimation 公司是由工程师**约瑟夫·恩格尔伯格**和发明家**乔治·德沃尔**于 1956 年创办的,后者设计出了一个**可编程的自动化系统**。两人共同开发了"尤尼梅特"——一种**可编程的机械臂**,它于 1962 年**在通用汽车公司的一座工厂被投入使用**。

剪草机和吸尘器

除了被用于装配线的工业机器人外,**成功实现商业化的机器人寥寥无几**。"**顽皮**"的**割草机器人**或**地板清洁机器人**却十分常见,**玩具机器人**亦是如此,而**无人驾驶汽车**实际上也属于**机器人**范畴。

机器人挑战

事实证明,让机器人走出实验室绝非易事,因为还有**诸多工程挑战需要人们一一克服**。这其中包括:**确保自主运行的足够动力**;**适用的人工智能**,而这对于实现实时操作,完成人类本可以轻松驾驭的日常任务,如**视觉识别**或**在杂乱的环境中顺利穿行**,是必不可少的;同时保证机器人**构造坚固牢靠且成本低廉**,而目前的机器人由于**极易损害又价值不菲**,还不适于日常使用。

詹姆斯·戴森

英国工程师詹姆斯·戴森以其革命性的吸尘器设计而扬名，他是一位无所畏惧的发明家和与传统格格不入的"离经叛道者"。

球轮手推车

戴森起初就读于**美术学校**，而后又**改学设计**，最终成为一名工程师和发明家。他最早的创新项目之一是**球轮手推车**。这是一种独轮手推车，其与众不同之处在于，以**大球形的辊轮**代替了普通**车轮**，从而**提高了**手推车的**可操纵性**。

除尘器

在生产球轮手推车的工厂，戴森遇到了如何为手推车部件的树脂涂料进行**除尘**的问题。他的解决方法为安装**工业旋风塔**，利用**旋转气流去除灰尘颗粒**。

不给力的吸尘器

1978年，戴森**对当时的家用吸尘器越来越失望**。他发现，当集尘袋被灰尘堵塞后，吸尘器就会**丧失吸力**。他从旋风塔中得到了灵感，并且设法将这种技术应用到家用吸尘器中。

开发困境

在接下来的五年中，戴森开发了**5127 个产品原型**，利用**黄铜**、**铝和有机玻璃亲手打造**这些样机。在尝试与老牌厂商建立合作关系却无果后，戴森创立了自己的公司。如今，该公司的**年销售额约为 60 亿美元**，在全世界**拥有 5800 名工程师**。

创造性思维

戴森和他的工程师团队又**转战其他领域**，推出了**创造性的工程解决方案**，在**干手器**、**风扇**和**吹风机**的设计领域中不断推陈出新。此外，他还致力于一款**电动汽车**的研发。

时 间 线

时间线中的年代对应的是取得某项技术或工程成就发生重大进步的历史节点，并非代表其已知最早形式的出现时间。

大约公元前60000年	梁	大约120年	穹顶
大约公元前60000年	柱	135年	张衡
大约公元前60000年	桁架结构	644年	风车
大约公元前11000年	生物工程	850年	火药
大约公元前10000年	船舶	1280年	眼镜和镜片
大约公元前9000年	火箭	1326年	早期火炮
大约公元前7000年	弓箭	1364年	火器与大炮
大约公元前4500年	青铜时代	1500年	中国长城
大约公元前4000年	公路	大约1500年	列奥纳多·达·芬奇及其主要工程创造
大约公元前3800年	轮子	大约1600年	机械学
大约公元前3000年	测量	1642年	机械计算器
大约公元前2900年	水坝	1645年	泵
大约公元前2500年	便器	1657年	时钟
大约公元前2500年	拱券	1660年	静电发电机
公元前1750年	风险	1675年	电学
大约公元前1300年	桥梁	1701年	播种机
大约公元前1200年	铁	1712年	蒸汽机
大约公元前850年	攻城器械	1733年	织机
公元前660年	灯塔	1745年	莱顿瓶
公元前550年	隧道	1767年	纺纱机
大约公元前550年	供水系统与下水道	1771年	工厂
大约公元前550年	弩弓	1773年	土力学
公元前515年	运河和水闸	1776年	老式加农炮
大约公元前500年	易损性（设计修造抗震建筑的缘由）	1783年	汽船
大约公元前400年	可再生能源	1787年	埃文斯的磨粉机
大约公元前400年	水车	1793年	轧棉机
大约公元前350年	投石机	1800年	伏打电堆
大约公元前300年	能量	大约1800年	地球工程学
大约公元前220年	阿基米德及其主要工作	1801年	悬索桥
大约公元前200年	古代机械	1801年	机车
公元前200年	杠杆	1802年	朴次茅斯滑轮厂
大约公元前100年	弩炮	1809年	早期电灯
公元公元前80年	安提凯希拉装置	1817年	斯特林发动机
大约公元1年	汽转球	1823年	巴贝奇的差分机与分析机
		1824年	热力学
		1824年	水泥
		1825年	盾构隧道掘进技术
		1825年	电阻器

1826年	公共汽车	1926年	电视机
1829年	斯蒂芬森的"火箭号"	1928年	铁肺
1832年	混凝土	1930年	喷气式发动机
1832年	发电机	1939年	直升机
1833年	伊桑巴德·金德姆·布鲁内尔	1940年	雷达
1837年	后膛炮	20世纪40年代	有限元分析
1837年	电报	1943年	跳弹
1839年	蒸汽锤	1945年	原子弹
大约1840年	黏度	1946年	微波炉
1852年	飞艇	1947年	晶体管
1856年	贝塞麦转炉	1948年	信息论
1858年	约瑟夫·巴扎尔盖特爵士（修造伦敦下水道）	1952年	人工心脏瓣膜
		1952年	心脏起搏器
1861年	自行车	1953年	人工心肺机
1861年	电梯	1957年	耳蜗和视网膜植入物
1866年	电气化铁路	1957年	"伴侣号"人造卫星
1866年	自励式发电机	1958年	集成电路
1868年	控制论	1959年	气垫船
1868年	动力飞行	1960年	激光
1870年	摩天大楼	1962年	机器人
1875年	突现	1968年	人机交互
1876年	内燃机	1969年	阿波罗计划
1876年	电话	1972年	基因工程
1877年	留声机	1974年	个人电脑
1879年	灯泡	1978年	全球定位系统
1881年	尼古拉·特斯拉（多相电动机的发明）	1981年	纳米技术
1881年	多相感应电动机	1983年	詹姆斯·戴森
1882年	发电技术	1988年	组织工程
1884年	汽轮机	1990年	拯救比萨斜塔
1885年	汽车	1990年	哈勃太空望远镜
1885年	机关枪	1990年	搜索引擎
1886年	直流电vs交流电	1993年	仿生学
1889年	埃菲尔铁塔	1994年	英吉利海峡隧道
1890年	人工关节	1998年	国际空间站
1895年	医学成像	1998年	量子计算
1898年	潜艇	2002年	埃隆·马斯克（创建太空探索技术公司）
1898年	无人机		
1901年	无线电	2010年	人工生命
1903年	心电图	2013年	CRISPR-Cas9
1903年	莱特兄弟	2014年	无人驾驶汽车
1904年	二极管	将来	太空电梯
1906年	三极管	将来	戴森球
1913年	福特和流水线	将来	未来武器
1916年	坦克	将来	人工智能

术语表

骨料：中等粒度至粗粒的颗粒状物料，即大小介于粉末和石头之间的细粒。

合金：金属混合物。

拱券：一种弧形结构，可横跨门洞或墙洞并支撑上方的重量。

弹道学：研究弹丸运动的科学。

生物工程学：又名"生物医学工程"，即工程原理与技术在生物学和医学中的应用。

仿生学：灵感复制或汲取于自然界。

电容器：在静电场中储存电荷的元件。

渗碳：在铁中加入碳以制造钢。

水泥：建筑中的黏结材料。

压缩：推力或挤压力。

混凝土：人造岩石或石材。

圆顶：穹顶的一种形式，即厚度大于跨度的拱门。

阻力：一种摩擦力，即物体相对于周围流体移动而形成的与其相对运动方向相反的作用力。

韧性：易弯曲的程度，为脆性的对立面。

发电机：输出直流电的电机。

电荷：物体中不平衡状态下的电的电量（非正即负）。

电流：电荷的流量。

电磁感应：运动中的磁场形成感应电场（反之亦然）的现象。

静电荷：处于静止状态的电荷。

突现：系统展现的特性是元素之间相互作用的结果，但单个元素本身并不存在这些特性，且无法作为预测的依据。

能量：做功的能力。

发动机：一种带有运动机件，可将能量转化为运动的机器。

平衡：不一致的变量（如作用力）相互抵消，会产生总体变化的状态。

工厂：一个制造系统，通常被理解为一座或一组可进行生产活动的建筑。

场：各个点都受作用力影响的某一区域。

力：推或拉形成的力。

摩擦力：阻碍物体表面相对运动或表层滑动的作用力。

齿轮：一种可传递旋转运动的装置。

地球工程：改变气候或其他全球范围内自然过程的大规模干预措施。

水力：与水压和水力（系统）相关。

同位素：某一元素的不同形式，其差异性表现在原子核的中子数量上，它们会影响原子核的稳定性。

杠杆：一种简单机械，通过放大作用力而做功的装置。

升力：向上举升的力。

负载：作用在物体上的一组力，尤其指重量或压力源。

力学：研究运动或平衡状态下物体的科学，也指古典时代的技术原理研究。

冶金学：金属加工的艺术与科学。

发动机：一种给车辆或其他设备提供动力的带有运动部件的机械装置。

纳米技术：在分子和原子水平上制造并发挥作用的材料、结构和装置。

抛物线：抛射物在重力作用下沿弧线形轨迹下落的姿态。

气动：以气体或与气体有关（包括空气）的物质为动力源。

功率：单位时间内产生的能量或做的功，又为做功或能量转换的速度。

抛射物：仅受重力作用的移动物体。

义肢：人造的身体部位或身体部位的替代物。

整流：将交流电转换为直流电或调整电磁波波形的过程。

电阻：某种材料阻抗电流通过并将电能转化为热能的能力。

半导体：可根据外部因素在导体和绝缘体之间进行状态切换的材料。

剪切力：弯曲力，即不在一条直线上且方向相反的推力。

应力：单位面积上的作用力，又为某个物体内部的作用力。

系统工程：将元素组合在一起，使它们作为一个系统发生交互作用的研究与实践。

抗拉强度：材料在断裂之前可以承受的拉力大小。

张力：拉力。

推力：将物体前推的力量。

扭矩：旋转力。

扭力：将物体一端固定，使物体绕长轴扭转的力。

晶体管："转换电阻"的缩略版，为一种真空电子管。

涡轮机：一种含转子的机器，通常配有轮片或叶片，可从流体中吸收能量

功：克服力的作用移动某个物体。

延伸阅读

罗姆·阿格拉沃尔，《建设：隐藏在建筑背后的故事》，布鲁姆斯伯里出版社，2018年。

詹姆斯·爱德华·戈登，《结构是什么》，达卡波出版社，2003年。

亚当·哈特-戴维斯，《工程师：从大金字塔到宇宙飞船》，多林·金德斯利出版社，2017年。

J. L. 海尔布隆编，《牛津现代科学史参考书》，牛津大学出版社，2003年。

J. G. 兰德斯，《古代世界的工程学》，康斯特布尔出版社，2000年。

乔尔·利维，《改变历史进程的50种武器》，萤火虫出版社，2012年。

大卫·麦考利，《万物运转的秘密》，多林·金德斯利出版社，1990年。

唐纳德·A·诺曼，《好用型设计》，麻省理工学院出版社，2013年。

亨利·佩特罗斯基，《器具的演化》，Vintage 出版社，1997年。

亚当·皮奥里，《人体构建者》，Ecco 出版社，2017年。

萨尔·雷斯蒂沃，《科学、技术与社会：百科全书》，牛津大学出版社，2005年。

L. T. C. 罗特，《维多利亚时代工程：发明与成就之引人入胜故事》，企鹅出版社，2000年。

罗伯特·坦普尔，《中国的天才：三千年的科学、发现与发明》，Inner Traditions 出版社，2007年。

西蒙·温彻斯特，《精益求精：工程师如何创造现代世界》，威廉·柯林斯出版公司，2019年。

网站

美国机械工程师学会：asme.org

爱迪生技术中心：edisontechcenter.org

格蕾丝英国工业史指南：gracesguide.co.uk

土木工程师协会：www.ice.org.uk/what-is-civil-engineering/what-do-civil-engineers-do

纪录片《使用晶体管！微电子学的故事》：www.pbs.org/transistor/index.html

单位换算表

英制		国际单位制
1 英寸	≈	2.54 厘米
1 英尺	≈	30.48 厘米
1 英亩	≈	0.40 公顷
1 平方英尺	≈	0.09 平方米
1 平方英里	≈	2.59 平方千米
1 磅	≈	0.45 千克
1 加仑	≈	4.55 升
1 马力	≈	0.75 千瓦